Femmes en politique : premier bilan

CHRISTINE KELLY

FEMMES EN POLITIQUE : PREMIER BILAN

TRENTE PORTRAITS DE FEMMES QUI ONT ACCÉDÉ AUX RESPONSABILITÉS

le cherche midi

Vous pouvez consulter notre catalogue général
et l'annonce de nos prochaines parutions sur notre site :
www.cherche-midi.com

92, avenue de France
75013 Paris

Conception graphique : Justine Dupré
Composition : Nord Compo
Dépôt légal : juin 2024
ISBN 978-2-7491-7828-8

Tel est le progrès qu'en 2024 une femme est sommée, à intervalles réguliers, de se déclarer « féministe ».

À toutes fins utiles, rappelons que le féminisme est « un mouvement politique, social et culturel en faveur de l'égalité entre les femmes et les hommes » (dictionnaire en ligne Larousse).

Avez-vous déjà croisé une femme qui fût réfractaire, voire carrément opposée à un traitement équitable entre les femmes et les hommes ? Moi, jamais.

Cette époque, on le sait, adore débiter des banalités, des évidences qu'en d'autres temps on appelait des « lapalissades ». Le problème, voyez-vous, c'est qu'à force d'exiger des femmes un brevet de féminisme, on ne cesse de les réduire à leur genre, de les amoindrir à leur sexe.

Ma façon d'être féministe consiste par conséquent à m'opposer à toutes les formes d'injonction adressées à mon genre, notamment celles qui sont faites au nom d'un néo-féminisme que je range volontiers parmi les idéologies du ressentiment.

Est-ce que j'exagère ? Je ne le crois pas.

Chaque jour qui passe voit l'homme, le mâle, présenté comme un ennemi. On nous assure que la domination masculine serait la plus actuelle des oppressions. Il faut ainsi croire que les femmes d'aujourd'hui partageraient le sort de Cunégonde dans le *Candide* de Voltaire : violée par tous les reîtres d'Europe centrale, terminant borgne et cul-de-jatte. Que les violences faites aux femmes existent, qui le nierait ? Que des femmes soient tuées en tant que femmes, parce qu'elles sont des femmes, c'est une évidence tragique. Encore faudrait-il que celles qui s'autoproclament les héritières d'Olympe de Gouges et de Judith Butler n'aient pas l'indignation sélective. Qu'elles admettent, par exemple, que la condition des femmes dans les pays islamistes est effroyable, leur sort infiniment moins favorable que sous nos latitudes.

Rappelons-nous le soulèvement héroïque des femmes dans l'Iran des mollahs. Le 16 septembre 2022, Mahsa Amini, une Kurde iranienne de vingt-deux ans, trouve la mort après son arrestation par la police des mœurs pour « infraction au code vestimentaire ». Dans la foulée, les femmes de Téhéran se rassemblent et défient crânement la violence de la répression. Au même moment, à cinq mille kilomètres de là, certaines se distinguent en battant en brèche la laïcité, au nom de la « liberté » de porter le voile ou l'abaya à l'école. L'écran féministe s'est alors coupé en deux. En un instant, les Parisiennes aux cheveux roses ou mauves ont été prises à revers par d'autres femmes, des centaines de milliers, qui ont affronté la police des mollahs aux cris de « Femme, vie, liberté ! », revendiquant par là le droit de dire « NON ! » à toutes les autres formes de soumission.

Évoquons aussi cet autre épisode, lorsque des féministes israéliennes ou juives françaises ont exigé la reconnaissance d'un véritable féminicide à l'occasion de l'attaque terroriste du Hamas du 7 octobre 2023. À ce moment-là, d'autres féministes, plus influentes, ont cru bon d'interdire à leurs « sœurs juives » *(sic)* de manifester le 25 novembre suivant contre les violences sexistes et sexuelles, prétextant qu'un tel défilé était de nature islamophobe.

Ainsi sont les contradictions intenables du néoféminisme et de ses militantes.

Une preuve supplémentaire ? J'entends parler chez nos bien-pensantes nationales, qui n'ont de cesse de chasser en meute sur les réseaux sociaux et dans la presse *mainstream*, d'« invisibilisation » des femmes. Ah, cette fameuse « invisibilisation »…

Par ce vilain néologisme, article de foi de la doxa néoféministe, la femme serait victime de mécanismes multiples qui viseraient à la faire passer au second plan, à la faire disparaître, à la cantonner au rôle de la femme, de la fille ou de la sœur d'un homme plus important qu'elle. Et cependant, quand je me promène dans les librairies, quand j'observe mes consœurs jouer souvent le premier rôle sur les autres chaînes d'info concurrentes, quand je regarde qui dirige l'audiovisuel, il ne me semble pas que les femmes soient « invisibilisées ». Et s'il est un domaine, d'ailleurs, où cette « invisibilisation » des femmes est largement démentie, c'est bien la politique.

À l'heure où j'écris ces lignes, qui est présidente de l'Assemblée nationale et quatrième personnage de l'État ? Une femme : Yaël Braun-Pivet.

Qui a été jusqu'en janvier 2024 Première ministre et deuxième personnage de l'État ? Une femme : Élisabeth Borne.

Qui a été à la tête d'un des premiers partis de France, le Rassemblement national ? Une femme : Marine Le Pen. La même est favorite pour la prochaine élection présidentielle.

Invisibles, les femmes politiques ?

J'ai toujours aimé la politique. Pas celle des coups bas, des clashs sur X, ex-Twitter, des débordements stériles à l'Assemblée nationale. Non, je parle de la politique comme le lieu du débat d'idées, celui de la confrontation respectueuse des opinions. Je parle surtout de la politique comme volonté « réelle » de mettre fin aux injustices et de changer les choses – du moins celles qui sont du ressort des hommes et des femmes de bonne volonté. Je confesse éprouver aussi, en tant que citoyenne et en tant que journaliste, une certaine nostalgie pour toute une génération d'hommes politiques, presque disparue aujourd'hui, qui donnait à cette profession un certain lustre. Eh oui. Où sont passées ces grandes conférences de presse lors desquelles de Gaulle ciselait des formules inoubliables, mêlant l'humour à la profondeur – « Pourquoi voulez-vous qu'à soixante-sept ans, je commence une carrière de dictateur[1] ? » –, ou durant lesquelles Georges Pompidou récitait avec émotion Paul Éluard pour répondre à une question difficile à propos du suicide de Gabrielle Russier. Comment oublier, aussi, ces admirables débatteurs que furent Valéry Giscard d'Estaing et François Mitterrand, qui s'affrontèrent à deux reprises à sept ans d'intervalle ? Leurs échanges furent féroces mais courtois et argumentés. Leurs formules – « Vous n'avez pas, monsieur Mitterand, le monopole du cœur », « Vous ne voulez pas parler du passé, je comprends bien, naturellement et vous avez tendance à reprendre le refrain d'il y a sept ans "l'homme du passé". C'est quand même ennuyeux que dans l'intervalle vous soyez devenu l'homme du passif[2]. » – n'étaient pas écrites d'avance dans la langue standardisée des communicants ; elles naissaient spontanément de ce combat à armes égales entre deux grands fauves à la conquête de la magistrature suprême.

L'histoire des femmes en politique n'a pas été un long fleuve tranquille. Lorsqu'elles ont joué un rôle important, ce fut en sous-main, à l'occasion d'une régence comme celle de Catherine de Médicis. Notons d'ailleurs que nous sommes un des pays qui a accordé le plus tardivement le droit de vote aux femmes (en 1944). Il y a ici une certaine ironie à constater que, sous la IIIe République, ce furent les députés radicaux et socialistes qui s'opposèrent au droit de vote des femmes. Pour une raison qui avait tout du « stéréotype de genre » : les femmes étaient, selon eux, plus conservatrices que les hommes, puisque sous l'emprise des prêtres.

On en arriva à ce paradoxe étrange qui vit le Front populaire de Léon Blum nommer trois femmes au gouvernement alors que celles-ci n'avaient ni la possibilité de voter ni, *a fortiori*, d'être candidates. Il convient de se souvenir du nom de ces trois pionnières, nommées sous-secrétaires d'État : Cécile Brunschvicg, Suzanne Lacore et Irène Joliot-Curie, fille de Pierre et Marie Curie, qui était elle-même physicienne et chargée de la Recherche scientifique.

Ce temps-là est révolu. Les chiffres fournis par l'Observatoire des inégalités en septembre 2023 le démontrent : on trouve désormais 37 % de femmes à l'Assemblée, 36 % au Sénat, 45 % de conseillères municipales, mais seulement 20 % de maires et de présidentes de conseil départemental – et plus de 31 % de présidentes de régions. Il convient de préciser que la parité est presque acquise en ce qui concerne les conseillères départementales, régionales et les députées européennes.

Le tableau n'est pas parfait, certes, mais la présence des femmes en politique n'est plus une exception, même si elle se raréfie lorsqu'on « monte » dans la hiérarchie des responsabilités. Là aussi, il faut le dire.

Mais une fois passé la satisfaction de voir les femmes s'inscrire durablement dans le paysage politique, se pose « LA » question, naturelle, légitime, obligatoire, et manifestement gênante puisque personne n'ose la poser : les femmes ont-elles finalement changé quelque chose à la politique ? Ont-elles apporté une spécificité dans les manières d'agir et de traiter les problèmes de la communauté nationale (indépendamment de leur camp, bien sûr) ? Dit autrement : les femmes ont-elles profité à la politique et au bien commun, ainsi qu'on nous l'avait promis ?

Parce que, tout de même, on nous en a promis, des merveilles.

Rappelez-vous la première loi sur la parité, le 6 juin 2000, alors que Jacques Chirac était président et Lionel Jospin, Premier ministre. Cette loi, officiellement désignée comme « tendant à favoriser l'égal accès des femmes et des hommes aux mandats électoraux et fonctions électives », a été votée à une assez large majorité. De même, en 1999, quand il a fallu modifier la Constitution pour y inscrire la parité. Le Congrès – Assemblée et Sénat – avait alors voté massivement en faveur de cette réforme (sept cent quarante et une voix pour, quarante-deux voix contre et quarante-huit s'abstenant).

Les arguments le plus souvent entendus à l'occasion de ces débats étaient alors terriblement « genrés », pour employer la terminologie à la mode : « Les femmes en politique, ce ne sera pas la même chose et ce sera mieux », « Les femmes apaiseront le débat public », « Avec elles, vous verrez, c'en sera terminé des petites phrases, de la colère, de la violence, des coups de Jarnac, des magouilles », « Terminés aussi l'aveuglement du pouvoir et cette façon égotique qu'ont les hommes de diriger leurs administrations et leurs ministères », et cætera.

Tant et si bien que l'opinion française se déclara convaincue de deux choses : il était normal, dans un souci d'égalité, de voir les femmes accéder aux différents échelons de la représentation nationale, sachant qu'en outre elles y démontreraient des qualités particulières et idéalement supérieures.

Un sondage Harris Interactive de 2015 révélait par exemple que « la qualité identifiée comme la plus féminine [était] la capacité d'écoute : 55 % des Français l'attribuaient principalement aux femmes[...]. [...] une majorité relative indiqu[ait] également que les femmes [étaient] plus aptes que les hommes à faire preuve de réflexion avant de prendre une décision (37 % contre 5 %), de courage (34 % contre 6 %), de franchise (36 % contre 4 %), de sympathie (36 % contre 4 %), de compréhension des préoccupations des Français (38 % contre 2 %), d'honnêteté (37 % contre 2 %), de capacité à tenir ses engagements (33 % contre 3 %), de capacité de réforme (23 % contre 8 %), de crédibilité (21 % contre 10 %) et enfin de capacité à rassembler (17 % contre 12 %)[3] ». Les stéréotypes peuvent servir les supposées « dominées » autant que les prétendus « dominants ».

Il m'a semblé que le temps était venu de ne plus nous contenter des promesses, des intuitions, des théories et surtout, donc, des stéréotypes.

C'est ainsi que j'ai voulu me lancer dans une galerie de portraits.

Ceux de trente femmes politiques, de tous les bords et de tous les âges, classées par ordre alphabétique, car c'est encore le choix le moins arbitraire.

Avant-propos

Trente femmes politiques que j'ai essayé de saisir sur le vif, dans leur parcours, leurs actions, leur tempérament.

Trente femmes politiques que j'ai évaluées avec les critères et la sévérité qui prévalent lorsqu'il s'agit des hommes.

La parité, la vraie ?

Michèle Alliot-Marie ou la persistance du gaullisme

En octobre 2014, lors d'un examen du projet de loi sur la transition énergétique à l'Assemblée nationale, le député Julien Aubert de l'UMP s'adresse à Ségolène Royal en l'appelant « Madame le ministre ». Puis il fait de même avec la présidente de séance, Sandrine Mazetier, en la gratifiant d'un « Madame le président ». S'ensuit une scène picrocholine où Sandrine Mazetier demande qu'on l'appelle « Madame LA présidente ».

Julien Aubert fait mine de ne rien entendre et s'obstine.

Le ton monte.

Sandrine Mazetier invoque le règlement intérieur de l'Assemblée qui oblige à la féminisation de la fonction. Julien Aubert rétorque que la seule autorité qu'il reconnaît sur la question est celle de l'Académie française.

« C'est Madame la présidente, ou il y a un rappel à l'ordre avec inscription au procès-verbal[1] », l'avertit une dernière fois Sandrine Mazetier. Julien Aubert, souriant, persiste.

Il se verra gratifié d'une sanction plutôt lourde pour un tel incident : la privation pendant un mois du quart de son indemnité parlementaire, selon le règlement de l'Assemblée.

Pourquoi évoquer cet épisode ?

Parce que dans la polémique qui suivra, dont notre petit monde politique a le secret, on retrouvera des camps clairement dessinés sur cette question moins superficielle qu'elle n'en a l'air. D'un côté, les progressistes et les féministes qui s'indignent contre le machisme rétrograde de Julien Aubert et, de l'autre, les tenants de la tradition qui s'opposent à la féminisation des noms de fonctions, ainsi qu'aux premiers balbutiements de l'écriture inclusive.

Mais on ne se bouscule pas au portillon, malgré tout, du côté des femmes politiques pour soutenir Julien Aubert. Une seule voix, à vrai dire, se fera entendre. Elle viendra du Parlement européen et ce sera celle de Michèle Alliot-Marie. Celle que les militants appellent affectueusement « MAM » est sortie de son relatif silence pour l'occasion.

C'est que l'affaire lui rappelle un certain nombre de souvenirs, ceux d'une ascension au sein de la droite, ascension qui n'a rien dû au fait qu'elle soit une femme mais tout à son énergie, à sa foi indéfectible en « une certaine idée de la France », à son attachement à la geste gaullienne de la Résistance et à un amour sourcilleux de l'indépendance nationale.

Michèle Alliot-Marie est une épine dans le pied du féminisme politique, et c'est sans doute pour cela que sa figure est si peu évoquée alors qu'elle est la seule femme à avoir été ministre dans tous les secteurs dit « régaliens » : Affaires étrangères, Justice, Intérieur, Défense.

Sont-elles si nombreuses à mériter le nom de femme d'État ? Sont-elles si nombreuses à avoir dirigé un parti qui a structuré la vie politique française depuis l'après-guerre ?

MAM a en effet été présidente du RPR entre 1999 et 2002, un parti créé par Jacques Chirac et plutôt considéré comme macho, avec ses puissants barons aux personnalités fortement marquées, tels Juppé, Pasqua, Séguin, Sarkozy, Balladur, et capables, en plus, de mener entre eux des affrontements féroces.

Au milieu de tous ces hommes, Michèle Alliot-Marie affirme que son appartenance au sexe féminin ne doit entrer en ligne de compte ni pour la rabaisser, ni pour lui donner un quelconque privilège, ni pour être instrumentalisée et pour se retrouver là parce que cela fait bien sûr l'affiche. C'est une énergique calme, le contraire d'une hystérique ou d'une pleureuse.

C'est pour cela, par exemple, qu'elle est une des rares à dire « Non » à la loi sur la parité quand elle sera votée en 2000 à l'initiative du gouvernement Jospin. Sa position revêt un poids particulier, puisque, dirigeant alors le RPR, elle est, *de facto*, la cheffe de l'opposition.

On peut encore, un quart de siècle plus tard, juger de l'étonnante pertinence de ses arguments : « Cela me fait trop penser aux quotas. Et les femmes ne sont pas des quotas laitiers, des quotas de vaches, ça c'est le premier élément. C'est un premier élément de dignité. » Pour elle, la place des femmes est une affaire de volonté politique au sein de chaque parti : « Il faut sélectionner les hommes et les femmes politiques en fonction de leur volonté. [...] La loi sur la parité, c'est finalement une loi de protection des hommes[2]. »

Sans cette loi, MAM se déclare en effet persuadée que les femmes seraient même plus nombreuses à accéder aux responsabilités. L'ancienne ministre prend en exemple son action à la tête du RPR et dit avoir fait mieux que la parité en nommant davantage de femmes que d'hommes dans son équipe !

D'où vient l'énergie stendhalienne de cette femme qui aurait très bien pu incarner au cinéma la Sanseverina, qui s'oppose et résiste à l'esprit de son temps ? Comme l'héroïne de *La Chartreuse de Parme*, MAM n'est pas révolutionnaire, ni même révoltée, mais elle fait preuve d'indépendance et d'audace, en dépit parfois d'une docilité apparente.

Il faut dire que bon sang ne saurait mentir.

Née en 1946, elle est la fille de Bernard Marie, qui sera député gaulliste entre 1967 et 1981 et maire de Biarritz entre 1977 et 1991. Ce résistant évadé trois fois a tout du héros. Pour parfaire le portrait, Bernard Marie, qui a occupé différents postes de premier plan à la Banque de France, est aussi le premier arbitre français dans un tournoi des Cinq-Nations.

Il fait de sa fille sa suppléante pour son dernier mandat à l'Assemblée nationale entre 1978 et la victoire de Mitterrand en 1981. Auparavant, Michèle a été une brillante étudiante en droit, déjà engagée puisqu'elle milite à l'UNI, le seul syndicat étudiant de droite, ce qui demandait un certain courage à l'époque où le gauchisme, comme aujourd'hui, régnait en maître dans les universités.

C'est aux côtés de son père, aussi, qu'elle apprend que la politique est une école de la trahison. La vie politique de Michèle Alliot-Marie commence en 1983 quand elle est élue conseillère municipale de la ville de Ciboure, puis en 1984 sur la liste de son père. Mais Bernard Marie perd sa mairie en 1991 après un renversement d'alliance en cours de mandat : son premier adjoint, l'UDF Didier Borotra, constitue une liste avec des personnalités de gauche et surtout des régionalistes basques, ce qui heurtera la fibre jacobine de Michèle. Plus tard, d'ailleurs, Michèle Alliot-Marie, alors maire de Saint-Jean-de-Luz depuis 1995, s'opposera à la création d'un département spécifiquement basque.

Contrairement au cliché psychanalytique, Michèle Alliot-Marie n'a jamais éprouvé le besoin de tuer le père. Elle n'est jamais entrée en conflit avec les hommes de son parti au nom d'une identité de genre. Ce qui n'a pas été le cas de l'autre grande figure féminine du RPR de l'époque, Michèle Barzach. MAM, dans *Au cœur de l'État*, paru en 2013 chez Plon, est néanmoins lucide sur les différences entre hommes et femmes dans les pratiques : « La difficulté est moins d'être une femme que d'être la première femme à exercer un pouvoir, à une responsabilité particulière. Défricher le chemin pour celles qui prendront la suite. Si elle se plante, ça servira aux hommes machos qui diront : *"Elles ne sont pas à la hauteur"*. »

Et plus loin, elle remarque : « Il est plus difficile à un homme qu'à une femme de quitter ses fonctions. Lorsque j'appelais des femmes qui venaient de quitter le gouvernement, elles disaient : *"Ça a été un honneur, peux-tu continuer à suivre tel dossier ?"* Si c'était un homme, la réaction était : *"Tu te rends compte, on a osé me faire cela !"* »

Au cœur de l'État, de fait, est un bon titre pour résumer le rôle de MAM dans la vie politique. Certes, elle a déjà eu une carrière ministérielle quand elle accède au ministère de la Défense en 2002, après la réélection de Chirac qui était un intime de son père.

Elle a été secrétaire d'État chargée de l'Enseignement pendant la première cohabitation en 1986, ce qui permet à cette juriste de haut vol d'étudier de près le fonctionnement des institutions de la Ve République, soumise pour la première fois à cette situation aussi inédite qu'explosive.

C'est de nouveau le cas en 1993 quand elle occupera le ministère de la Jeunesse et des Sports lors de la deuxième cohabitation avec Édouard Balladur. Très vite, elle comprend d'ailleurs que Balladur, au nom de ses bons sondages, est de moins en moins décidé à laisser la place à Jacques Chirac pour la présidentielle de 1995.

Elle est alors prise dans un conflit de loyauté entre son mentor, et ami de son père, et son Premier ministre. Ou, pour le dire autrement, entre la loyauté à Chirac et le pragmatisme de Balladur, deux vertus éminemment gaullistes.

Jusqu'au bout, elle tente une médiation entre les balladuriens et les chiraquiens, elle y gagne même le surnom de « passerelle » ou, moins flatteur, de « balance ».

Ce refus de choisir lui coûtera, comme à Nicolas Sarkozy et à tous les autres balladuriens, de ne pas figurer sur la liste des ministres du gouvernement Juppé lors de l'élection de Chirac.

Mais les militants du RPR, eux, ne la sifflent pas comme ils siffleront Nicolas Sarkozy. Au contraire, en 1999, alors que se renouvellent les instances du RPR, ces mêmes militants la préfèrent au candidat de l'Élysée, Jean-Paul Delevoye. Celle qu'on appelait « Fifille », en raison de son père, moitié par sympathie, moitié par moquerie, devient le symbole d'une certaine permanence du gaullisme comme recherche de l'unité et comme refus des logiques claniques.

Cette orthodoxie gaulliste la met au centre des différentes forces qui travaillent le parti, entre souverainistes et libéraux, et fait d'elle une présidente du RPR gouvernant par gros temps une formation qui semble en perte de vitesse, alors que tout réussit à Lionel Jospin et que Chirac à l'Élysée en est réduit à inaugurer les chrysanthèmes comme au temps de la IVe République.

Alors, quand elle arrive à la Défense en 2002, si la surprise est grande, le respect vient vite. Elle affronte avec de Villepin la colère américaine lors du refus de la France d'attaquer l'Irak, et elle fait entendre la voix française dans le conflit israélo-libanais de 2006 tout en réglant un autre conflit politico-militaire en Côte d'Ivoire.

Et c'est tout naturellement qu'elle devient au moment de l'élection de Sarkozy en 2007 un poids lourd du gouvernement : elle est de tous les remaniements, passant de l'Intérieur à la Justice en finissant par les Affaires étrangères. À ce dernier poste, les choses se compliquent à cause de ses liens amicaux et financiers avec la Tunisie de Ben Ali au moment du déclenchement des « printemps arabes ». Pour la première fois de sa vie politique, elle ne prend pas la mesure d'un problème : on ne lui pardonnera pas et elle ne se le pardonnera pas.

Elle est contrainte à la démission en 2011. On fait sortir de scène, pour des affaires qui sembleraient anodines aujourd'hui, une femme politique qui aurait été digne d'un destin au plus haut sommet de l'État. Alliot-Marie présidente, quand on voit la médiocrité du personnel politique actuel, voilà qui aurait eu de la gueule !

Cette sortie ne doit de toute manière pas masquer une destinée étonnante, unique en son genre. Catholique, elle marque son opposition au mariage pour tous, mais elle prouve toute sa vie que cela n'empêche pas l'émancipation féminine : elle est une jeune divorcée de l'universitaire beaucoup plus âgé Michel Alliot et vit ensuite en union libre avec le député Patrick Ollier. Gaulliste envers et contre tous, sans sombrer dans le souverainisme, elle marque néanmoins sa différence au Parlement européen, notamment en s'abstenant de voter les traités de libre-échange alors que la plupart des membres de son groupe votent pour.

À chaque fois, en 2007, 2012 et 2017, elle cherche à se placer pour la présidentielle, avec cette idée, si typiquement gaulliste, qu'elle peut être le recours d'une droite qu'elle a vue se fissurer et rater ses occasions, jusqu'à se retrouver presque asphyxiée par l'arrivée du macronisme. En quelque sorte, cette ambitieuse est aussi une sacrificielle : j'aime qu'elle ait voulu, avec une telle force, faire don de son corps à la France.

À la mort de Jacques Chirac, elle déclara : « Il avait la France au cœur[3]. »

Je crois que, ce jour-là, Michèle Alliot-Marie parlait aussi d'elle-même.

Martine Aubry ou le dur désir de durer

L'essentiel de la carrière de Martine Aubry, jeune ministre dès 1991, s'est fait à une époque où la gauche vivait sur une opposition qui n'avait rien d'irréconciliable mais qui pouvait montrer des orientations idéologiques très différentes. Cette opposition coexistait d'ailleurs aussi bien dans le milieu politique que dans le milieu syndical.

Dans le milieu syndical, et c'est encore le cas aujourd'hui, la ligne de fracture se matérialise entre la CGT et la CFDT, entre un syndicat de lutte des classes et un syndicat réformiste, avec ceux qui croient qu'on ne peut gagner des acquis sociaux que par la grève et les rapports de force et ceux qui privilégient la négociation.

En politique, cette opposition a toujours existé au sein du parti socialiste où on parlait de « première gauche », celle qui venait du marxisme, et de « deuxième gauche », celle qui venait d'un refus du communisme et s'appuyait le plus souvent sur des valeurs issues du militantisme des chrétiens de gauche.

Je me permets ce préambule, car on ne peut pas comprendre la personnalité complexe et controversée de Martine Aubry si on ne prend pas en compte son appartenance à cette deuxième gauche et sa filiation aussi biologique que politique à Jacques Delors.

Venir du catholicisme social n'est pas non plus forcément synonyme de douceur évangélique. Au cours de son itinéraire, Martine Aubry a récolté le surnom de « Mère tape-dur ». Moins glorieux sans doute que celui de « Dame de fer », mais tout aussi évocateur. Elle a ainsi un affrontement d'une violence rare avec Ségolène Royal pour le contrôle du PS en 2008, qui est encore une force dominante.

Ségolène Royal cherche à se relever après sa défaite de 2007 contre Sarkozy pour jouer le match retour en 2012. Elle veut devenir première secrétaire du PS. Pour Martine Aubry, Ségolène Royal a fait une erreur en se lançant contre Sarkozy sans l'appui de la totalité du parti. Et elle estime que pour affronter Sarkozy la prochaine fois, c'est elle la mieux placée.

En politique, les femmes comme les hommes ont un ego souvent hypertrophié : elles se battent pour la place alors que leur corpus idéologique est le même. Ce qu'elles veulent, en cette année 2008, c'est le leadership sur un parti, c'est-à-dire le meilleur moyen, dans la Ve République, d'accéder à la magistrature suprême.

La lutte est âpre : Martine Aubry, au congrès de Reims, ne choisit pas ses alliés en fonction d'affinités idéologiques. Seul objectif : battre Ségolène Royal, entourée à l'époque de Valls et de Peillon.

La nuit du vote des militants devient une nuit des longs couteaux. Au matin, contre tous les pronostics, Martine Aubry est élue de justesse. Du côté de Ségolène Royal, on hurle à la triche, on menace de porter l'affaire devant les tribunaux.

Répétons-le : cette violence qui donne l'image catastrophique d'un parti qu'on croyait habitué aux synthèses est due à la rivalité de deux femmes que rien n'aurait dû opposer, sinon l'ambition.

Martine Aubry, née Delors donc, a pourtant été élevée dans une certaine douceur. C'est une petite Parisienne qui voit le jour en 1950, dans une ville encore marquée par l'occupation. Le père, Jacques, travaille à la Banque de France, et c'est à la CFTC, le syndicat chrétien, qu'il a rencontré son épouse et commencé sa réflexion sociale et politique.

Dans l'appartement du XIIe arrondissement, Martine et son frère rentrent avec de bons bulletins scolaires qu'on surveille de près. Le travail est une vertu chez les Delors. Parfois, sur ceux de Martine, des remarques sur son comportement têtu sont faites par les bonnes sœurs du lycée Notre-Dame-des-Oiseaux. La petite Chantal Goya, en blouse austère et aux doigts tachés d'encre, condisciple de Martine Aubry, suscite-t-elle les mêmes avertissements ?

La mère, Marie Delors, plus que sur les résultats scolaires, insiste sur un certain savoir-être, sur la solidarité nécessaire avec les voisins, les personnes en difficulté. On a pu dire, comme Alain Minc – qui était à l'ENA avec

Martine Aubry dans la promotion 1973 baptisée « Léon-Blum » – qu'« elle a été humainement formée par sa mère et politiquement par son père[1] ».

On retrouve cette préoccupation maternelle comme thème de campagne de Martine Aubry quand, une fois Ségolène Royal vaincue, elle se met en piste pour les futures élections de 2012. Elle axe son programme sur le « Care », qu'elle définit ainsi : « C'est une société de l'attention aux autres. Mais il ne s'agit pas simplement que *"chacun prenne soin des autres"*, cela implique aussi que l'État prenne *"soin de chacun[2]"*. »

Elle dit s'inspirer du philosophe Emmanuel Levinas. Ce projet de société contrarie Manuel Valls qui concourt lui aussi pour la primaire. Il y voit une forme d'assistanat déguisé. Martine Aubry montre surtout une vraie hypocrisie : elle prétend vouloir une société de la douceur, elle qui est si dure et violente en politique avec ses ennemis, et même avec ses amis.

Martine Aubry, contrairement à son père, a compris qu'il fallait s'ancrer dans un territoire, n'être pas seulement une manieuse de concepts dans les cercles bruxellois, mais quelqu'un qui se frotte au quotidien de ses concitoyens.

Elle a mis du temps à le comprendre, pourtant. Elle a d'abord refusé de se présenter aux législatives de 1993 alors qu'elle était ministre du Travail de Bérégovoy. Elle a eu du nez : ces élections ont tourné au carnage pour la gauche. Même refus pour les européennes de 1994 où la liste Rocard, concurrencée par une liste Tapie organisée en sous-main par Mitterrand, vire à la catastrophe.

Calculatrice, déjà : se confronter au suffrage universel, d'accord, mais à condition d'être sûre de gagner. Elle n'allait pas risquer son destin pour une poignée d'électeurs, tout de même.

Enfin, en 1995, elle accepte les propositions du patriarche Pierre Mauroy, qui devine l'évolution de sa ville et sait que les Lillois sont très « deuxième gauche », justement. Et que Martine Aubry est parfaite pour le rôle. Il en fait sa première adjointe pour lui passer le flambeau après son dernier mandat. Pour elle, qui se méfie du suffrage universel, comme son père, mais sait qu'on ne peut pas faire sans en république, Lille, c'est un cadeau. Celle qu'on dit être une battante est surtout une opportuniste électorale.

Le parachutage ne se passe pourtant pas très bien. Dans une ville tenue par le parti socialiste depuis toujours, avec un millier d'adhérents en centre-ville, elle est la Parisienne et elle prend la place de Bernard Roman, ancien dauphin désigné, apprécié par les militants.

Et puis, elle ne s'occupe pas tellement de Lille : elle est porte-parole de la campagne de Lionel Jospin la même année et quand, en 1997, Jospin en fait sa ministre de l'Emploi et de la Solidarité, elle devient *de facto* numéro deux du gouvernement.

C'est l'époque de son triomphe. Les principales mesures qui ont marqué l'opinion à l'époque, elle en est à l'origine : les emplois jeunes, la CMU et surtout, emblématiques, les 35 heures. Le plus étonnant, c'est que les 35 heures auxquelles Martine Aubry est identifiée, eh bien, elle était... contre !

L'idée était en fait à l'origine de Dominique Strauss-Kahn, alors ministre de l'Économie. Martine Aubry avait promis à Jean Gandois, le patron des patrons de l'époque et son ami, qu'il n'en était pas question. Lorsque Lionel Jospin annonce le projet de loi sur les 35 heures, Gandois exprime toute sa colère sur le perron du ministère et parle de coup de force.

Et pour cause, il croyait Martine Aubry toujours dans la tradition de la deuxième gauche, considérant le patronat non comme un ennemi de classe mais comme un partenaire. Elle avait travaillé sous sa direction chez Pechiney et, après la défaite de la gauche en 1993, elle avait créé avec lui une fondation, Agir contre l'exclusion, où siégeaient de nombreux patrons, une fondation qui visait à réconcilier la gauche avec l'entreprise.

Mais Martine Aubry assume publiquement ce qu'elle croit à moitié en privé. Après tout, le pouvoir vaut bien une messe, et comme disait Edgar Faure : « Ce n'est pas la girouette qui tourne, c'est le vent. »

Une fois sa mission gouvernementale accomplie, celle qui a été élue en 1997 dans la cinquième circonscription du Nord, acquise de tout temps à la gauche, décide de quitter le gouvernement en 2000 pour les municipales de Lille en 2001. Nationalement comme localement, on la juge alors sévèrement. Elle a beau dire que Lille, c'est « chez elle », qu'elle va rejoindre « l'homme qu'elle aime », l'avocat Jean-Louis Brochen avec lequel elle vit toujours aujourd'hui, on commente assez défavorablement son attitude.

Le Nouvel Obs, pourtant un journal ami, parle d'un coup politique et « d'un pas en arrière de deux cents kilomètres pour mieux sauter sur Paris[3] », et *La Voix du Nord* ironise : « Décidément, Martine Aubry n'en finit pas de partir du gouvernement. Et elle n'en finit pas d'arriver à Lille[4]. »

Mais la greffe prend, vaille que vaille. Martine Aubry mène une campagne de terrain, on la voit partout, on parle d'elle comme d'un bulldozer, elle arrive à faire oublier son image de « techno » inflexible, sans affect. *Le Monde* la qualifie de « tornade », et elle est élue le 18 mars 2001, moins bien que Pierre Mauroy naguère, avec 49,6 % des voix à l'issue d'une triangulaire avec le FN et la droite, ce qui n'était jamais arrivé.

Résultats en demi-teinte que confirment les élections législatives de 2002 où elle perd son siège de députée dans une autre circonscription jugée imperdable. On la voit d'ailleurs commenter sa défaite avec les larmes aux yeux. C'est rare, chez elle, une telle manifestation d'émotion.

Mais elle fait par la suite de Lille une espèce de trompe-l'œil électoral.

Lille, ville-monde, ville boboïsée qui adopte les lubies parisiennes de Delanoë et d'Hidalgo avec un léger décalage, change radicalement sous sa férule.

Martine Aubry est réélue à chaque municipale depuis, parfois de justesse (de quelques dizaines de voix contre les Verts en 2020).

Mais, en vingt ans, celle qu'on présente comme une grande baronne régionale aura pourtant fait perdre au PS à peu près tout dans les Hauts-de-France. Les départements, la région, les mairies importantes comme Roubaix, Tourcoing, Dunkerque passent à droite. Lille, avec ses obsessions écolos et inclusives, est aujourd'hui une belle ville, mais une belle ville hors-sol.

Les régionales de 2015 virent même au cauchemar pour Martine Aubry quand Marine Le Pen, tête de liste, fait près de 41 % des voix et que la liste socialiste, conduite par le premier adjoint de la maire de Lille, arrive en troisième position, derrière celle de Xavier Bertrand. Ce dernier gagne malgré un retard énorme grâce au « front républicain ».

Résultat des courses : Martine Aubry a réussi l'exploit d'éliminer tous les élus de gauche du conseil régional pour six ans ! Elle a été une véritable serial killeuse de son propre camp ! Moitié par orgueil, moitié par incapacité à comprendre le sentiment d'abandon des gens du Nord. Le contact humain, ce n'est pas sa spécialité…

Elle aurait pu, en 2017, se rallier à l'illusion macroniste. Elle a préféré rester fidèle à sa famille d'origine, sans doute aussi parce qu'elle a pressenti le côté produit médiatique de Macron.

Mais Martine Aubry, comme le PS désormais, semble ne plus peser grand-chose.

Femme de valeur, douée, bosseuse, elle a incarné une certaine modernité à gauche, sans doute, mais la rencontre avec le peuple français n'a jamais vraiment eu lieu pour elle. Trop clivante, comme on dit aujourd'hui. Ce qui n'est pas le moindre paradoxe pour cette femme issue d'une tradition politique incarnant le dialogue…

Dans ses passions littéraires de jeunesse, on trouve Gilbert Cesbron, l'auteur catholique un peu oublié. Peut-être se souvient-elle que dans *C'est Mozart qu'on assassine* (publié en 1966 chez Robert Laffont) on peut lire : « Grandir, c'est devenir infidèle. » Et infidèle, elle l'a été, d'abord face à des électeurs dont elle croyait le vote acquis.

Une erreur impardonnable, en politique.

Roselyne Bachelot ou la société du spectacle

En 2020, Roselyne Bachelot, pour cause de Covid-19, a reculé la publication d'une autobiographie intitulée *Ma vie en rose.* Ce titre est-il, malgré lui, le révélateur d'une de ses principales caractéristiques ? Être la femme de droite préférée de la gauche, souvent isolée dans son camp d'origine.

Cela n'a pas empêché sa belle carrière ministérielle : elle a été ministre de Jean-Pierre Raffarin, de François Fillon, de Jean Castex, sous trois présidents de la République différents, Jacques Chirac, Nicolas Sarkozy et Emmanuel Macron. Et si elle n'est jamais passée explicitement à gauche, elle n'a pas hésité à rejoindre pendant deux ans une macronie qui était encore « ni de droite ni de gauche ».

Autre hypothèse, *Ma vie en rose* est une allusion à celle qui a fait des tailleurs de cette couleur une marque de fabrique lui ayant souvent été reprochée. Mais, comme elle allait vite le montrer en devenant elle-même une figure des médias en tant que chroniqueuse et animatrice,

Roselyne Bachelot maîtrise les codes de la société du spectacle dans laquelle la politique et le divertissement se confondent.

Roselyne Bachelot est, en tout cas, une figure très identifiable par le public, avec sa bonne humeur, son rire, son goût pour quelques provocations vestimentaires, comme porter des Crocs roses pour se rendre en Conseil des ministres sous Nicolas Sarkozy.

C'est aussi celle que l'on désigne parfois, dans des discours officiels ou des émissions politiques sérieuses, simplement par son prénom sans que cela ne vire à la familiarité ou au paternalisme.

Elle est, de fait, très sympathique, l'archétype de la bonne copine. On ne reste jamais longtemps fâché avec elle. Nicolas Sarkozy pourrait en témoigner. Alors qu'il mène une campagne présidentielle difficile pour sa réélection contre François Hollande en 2012, il prend en grippe celle qui est encore sa ministre des Solidarités et de la Cohésion sociale. Dans une situation conjugale compliquée, il a les nerfs à fleur de peau. Il s'agace de voir Roselyne Bachelot se jeter sur les buffets à tous les meetings, dévorer les petits-fours, rire et faire rire autour d'elle. Elle l'accompagne même dans sa loge, lui qui était connu pour avoir besoin d'un silence absolu, ce qui achève de l'énerver, quitte à être à la limite de l'insulte en public.

Mais tout cela sera vite oublié, Roselyne est décidément trop attachante, et Nicolas Sarkozy est un des premiers à la féliciter en personne pour sa nomination à la Culture dans le gouvernement Castex. Elle-même parlera de « son Nicolas », quelques mois plus tard, comme d'« un homme incomparable en temps de crise ».

Il y a chez elle quelque chose d'autre d'attachant, outre son caractère et sa personnalité, c'est une fidélité à des convictions. D'ailleurs, elle est une des rares dont le ralliement à Macron n'a pas eu l'air d'une trahison. Après tout, cela faisait plusieurs années qu'elle avait quitté la politique active pour préférer la commenter.

Elle a décidé ce changement d'orientation professionnelle, pourrait-on dire, en 2012 : Nicolas Sarkozy était battu et elle l'a informé qu'elle ne se représenterait pas aux législatives. Elle publie dans la foulée ses carnets de campagne, avec un titre révélateur : *À feu et à sang*. C'est un témoignage à chaud passionnant. Elle montre notamment l'influence toute nouvelle des réseaux sociaux comme elle l'explique dans un entretien à *Elle* : « Ce qui m'a marquée dans cette campagne, c'est la violence de part et d'autre. Et ce qui m'a surprise, c'est l'irruption des réseaux sociaux. Le débat politique s'est transporté d'un monde policé à des forums sans aucune régulation où l'injure, le mensonge, l'agression anonyme sont devenus un mode de fonctionnement. Cette révolution, je l'ai vécue parfois avec souffrance[1]. »

Et pour elle, à ce moment-là, la vie politique ne vaut plus la peine qu'on s'y perde. Et s'il y en a une qui est convaincue que les femmes n'ont rien à envier aux hommes en coups bas, c'est bien Roselyne Bachelot, qui déclare : « Oh oui, des salopes, il y en a. La politique est un jeu dans lequel la capacité de résilience doit être considérable. Même les paranoïaques ont des ennemis ! Et, si on n'est pas méfiant, la durée de survie dans ce domaine est équivalente à celle sur une bande d'urgence d'autoroute[2]. »

Cela ne déparerait pas dans un dialogue de Michel Audiard.

D'ailleurs, sa vision des femmes en politique a bien changé, elle a perdu toute naïveté. Roselyne Bachelot, pharmacienne de formation, a été initiée à la politique par son père, conseiller municipal d'Angers et député gaulliste. Militante RPR, elle devient conseillère générale de 1982 à 1988. En 1986, durant la campagne législative, elle est candidate sur la tête de liste du RPR pour le département du Maine-et-Loire.

À cette occasion, interviewée sur le rôle des femmes en politique, elle déclare : « Je crois que la femme a un message de femme à apporter, moi, j'avoue que quand je vois quelque chose qui me fait pleurer, eh bien, j'ose pleurer. Je suis quelqu'un de sensible, je ne veux pas devenir un homme manqué dans la politique. C'est ça que je veux apporter au monde politique[3]. »

Cette déclaration n'a pas résisté à l'épreuve du temps. Cette désillusion, des collègues du RPR comme Michèle Alliot-Marie ne la connaîtront pas puisqu'elles ne feront jamais entrer leur sexe en ligne de compte.

Mais en cette année 2012, quelle carrière politique Roselyne Bachelot abandonne-t-elle ?

On se souvient d'elle pour une déclaration qui lui donna une allure de Marie-Antoinette alors qu'elle était ministre de l'Écologie lors de la canicule de 2003. Les morts s'entassaient dans les morgues des hôpitaux, révélant déjà les faiblesses de notre système de santé. Face aux températures records, elle convoqua la presse le 12 août et donna comme principal conseil de « garer sa voiture à l'ombre ». Cela lui valut une marionnette aux « Guignols de l'info » où elle apparut comme une « ménagère de moins de 50 de QI ».

Ce n'était certes pas une réaction très pertinente, mais elle n'était pas plus à côté de la plaque que le ministre de la Santé de l'époque, Jean-François Mattéi, qui intervint en polo Lacoste depuis sa maison de vacances du Var au « 20H » de TF1 alors que l'urgentiste Patrick Pelloux avait déjà alerté le matin même sur l'hécatombe.

Plus tard, en 2010, alors titulaire du portefeuille de la Santé sous Nicolas Sarkozy, on accuse Roselyne Bachelot d'avoir surréagi à la grippe H1N1 en commandant pour un milliard et demi d'euros de doses de vaccins et de masques qui ne serviront pratiquement pas.

Ce principe de précaution, alors critiqué, le sera beaucoup moins quand la France, en pleine pandémie de Covid-19, dix ans plus tard, se retrouvera complètement désarmée pendant plusieurs mois. Il ne faut jamais avoir raison trop tôt : « Mon affaire a amené un désarmement général, cela a décrédibilisé la parole politique. Les gens se sont dit : *"On en fait trop."* Et pour nous, politiques, le risque d'en faire trop est devenu plus grand que de ne pas en faire assez[4] », analyse-t-elle aujourd'hui.

Elle a toujours été sensible, quand elle était députée ou au gouvernement, à des causes comme le sida ou les droits des personnes LGBT. On se souvient de son isolement, en 1999, après un discours à l'Assemblée où elle annonce, au bord des larmes, qu'elle votera le Pacs proposé par le gouvernement Jospin. Elle est la seule dans son camp à le faire.

Quoi qu'on pense de ces sujets de société, elle est restée fidèle à ses convictions avec un certain panache.

Parmi les citations préférées de Roselyne Bachelot, il y a cette phrase de Clemenceau : « La politique, c'est comme un hamac : on a beaucoup de mal à grimper dedans. Une fois qu'on y est, on est ballotté de droite à gauche, et on se casse la gueule en sortant. »

Elle a, pour sa part, plutôt réussi sa sortie. Son bref retour en politique, avec un passage de deux ans au ministère de la Culture, ne lui aura pas valu de procès en illégitimité. Les acteurs du monde culturel voient en cette grande amatrice d'art lyrique une bouffée d'air après Franck Riester à ce poste.

Comme quoi, quand on s'appelle Roselyne Bachelot, on peut passer sans transition des « Grosses Têtes » à la rue de Valois. Mais également de LCI au gouvernement, puis à BFMTV, toujours sans transition.

Elle ne conçoit aucune amertume, ce n'est pas le genre de cette heureuse nature, quand elle n'est pas reconduite dans le gouvernement Borne, où Emmanuel Macron a préféré une de ses proches, Rima Abdul-Malak, elle-même débarquée lors du remaniement de janvier 2024 avec son remplacement surprise par Rachida Dati. Devant le tombereau de reproches et d'insultes venus de la gauche et de LR après cette nomination, Roselyne Bachelot, n'ayant rien perdu de sa niaque, prend la défense de Rachida Dati sur BFMTV.

Lorsque l'animateur Alain Marschall lui demande, de manière pour le moins malvenue, à propos de Dati : « Est-ce que c'est un bon coup ? Est-ce que c'est bien joué politiquement ? », Roselyne Bachelot réplique : « Pardon, je ne vais peut-être pas retenir ce terme quand on parle d'une femme politique, si vous voulez bien, cher ami. Sinon je vais vous foutre deux baffes, et ça ne va pas tarder[5]. »

Féministe sans les excès de la nouvelle génération, mais féministe tout de même, Roselyne…

Aurore Bergé
ou la mutante

Dans un de ses merveilleux romans, Cecil Saint-Laurent décrivait au milieu des années 1970 une jeune femme, Charlotte Pontpoint, qui faisait tourner la tête à ce qu'on appelait encore un « cadre supérieur ». Charlotte Pontpoint incarnait dans ce roman un être dans lequel disparaissait tout ce qui avait fait les femmes du monde d'avant et tout ce qui incarnait, en germe, celles du monde nouveau : des femmes maîtresses de leurs corps grâce à la contraception, qui estimaient être en droit d'utiliser les vieilles armes de la séduction tout en affirmant leur autonomie.

Cecil Saint-Laurent ne jugeait pas, il décrivait simplement. Et pour nommer cette nouvelle sorte de femmes, qui prenait le meilleur du passé et le meilleur du présent, surmontant toutes les contradictions et toutes les hontes, il donna à ce roman de 1978 un titre qui me paraît convenir parfaitement à Aurore Bergé : *La Mutante.*

Aurore Bergé n'était pas encore née, pourtant, à l'époque où Cecil Saint-Laurent la décrivait en quelque sorte par anticipation. Il faut attendre 1986 pour que celle qui est devenue aujourd'hui ministre d'Emmanuel Macron voie le jour.

Aurore Bergé n'a pas encore quarante ans : elle symbolise ces nouveaux visages qui sont apparus dans le sillage de la première élection d'Emmanuel Macron. Les « marcheurs » se présentaient comme neufs, compétents, parfois arrogants jusque dans leur amateurisme qu'ils transformaient en vertu, tant ils tenaient à incarner la rupture définitive avec le vieux monde.

Il faut pourtant, comme souvent, y regarder de plus près.

Qui est Aurore Bergé avant Macron ? Pas tout à fait une perdrix de l'année, à vrai dire. C'est une enfant de l'Ouest parisien, elle fait de sages études à Versailles, dans un lycée privé. C'est là, en 2002, à seize ans, qu'elle acquiert une première conscience politique. Cette fille de comédiens – son père, récemment décédé, était la voix française de Sylvester Stallone – décide de s'engager après l'arrivée de Jean-Marie Le Pen au second tour de la présidentielle.

Pendant ces deux semaines où Jacques Chirac passe en une soirée du statut de « SuperMenteur » chez « Les Guignols de l'info » à celui de sauveur de la République, cette période qu'Élisabeth Lévy a appelée « la grande quinzaine de l'antifascisme », on aurait pu penser que le choix d'Aurore Bergé adolescente se porterait à gauche. Mais c'est de manière plutôt surprenante qu'elle va prendre sa carte à l'UMP. Prescience précoce de la droitisation de la société française ? Ou prise de risque minimale ? Aurore

Bergé est une orgueilleuse, peruadée qu'elle vaut mieux que les autres, que les meilleures places lui sont dues.

Aujourd'hui, quand on l'interroge sur ce choix, elle insiste sur l'ambiance très soixante-huitarde à la maison. À la maison, peut-être, mais pas dans son environnement scolaire : elle le décrit comme privilégié et indifférent au séisme politique qu'a représenté pour elle Jean-Marie Le Pen.

Elle est disruptive – pour reprendre un mot du lexique macronien –, mais pas trop. Elle veut faire semblant de choquer, ou plutôt elle choque quand elle est en position de force. Et dans son département d'origine, c'est la droite qui est en position de force.

Avant même Macron, elle est de gauche dans la droite, et de droite dans la gauche. Elle a soutenu, avec un opportunisme de vraie manœuvrière, à peu près toutes les nuances de l'arc-en-ciel de la droite : Sarkozy en 2007, Fillon après la défaite de Sarkozy en 2012, Valérie Pécresse en 2015 pour les régionales en Île-de-France, mais l'année suivante, c'est la très gaucho-compatible Nathalie Kosciusko-Morizet (NKM) qu'elle soutient au premier tour de la primaire de la droite, puis Juppé au second, en reniant son ancienne fidélité à Fillon. La victoire de ce dernier à la primaire la pousse d'ailleurs, dès février 2017, à rejoindre Emmanuel Macron qui est en phase ascendante. Il représente son idéal en matière d'opportunisme politique. Se servir du progressisme comme d'un habit de lumière, car elle aime la lumière, Aurore Bergé, c'est même son principal souci : être vue et si possible, éblouir.

Et de fait, ce goût des sunlights a de quoi donner le tournis : si Aurore Bergé est bien de droite, elle soutient le mariage pour tous, elle est favorable à la PMA et à tout l'arsenal de la gauche sociétale.

D'ailleurs, elle préfère à cette époque les tenues sexy au point d'avoir suscité un scandale pour une minijupe très osée dans l'émission de Thierry Ardisson « Salut les Terriens ! ». Amusant : le premier soutien qu'elle reçoit est celui de « l'insoumise » Clémentine Autain.

Le libéralisme économique, chez elle, s'associe au libéralisme sur les questions de société. À ce titre, elle appartient bien à sa génération née dans les années 1980. Pour elle, la politique est d'abord une affaire de communication. Après ses études à Sciences Po, c'est dans des agences de com et de lobbying qu'elle fait ses premières armes professionnelles, et elle a très tôt un compte Twitter suivi par 21 000 abonnés, avant même d'être médiatiquement reconnue.

Elle est aussi la reine du « en même temps », capable d'approuver des traités de libre-échange, de soutenir avec ardeur la réforme des retraites ou une loi allégeant les droits de succession, mais aussi de défendre les intermittents du spectacle ou de se battre pour l'inscription du droit à l'avortement dans la Constitution. Elle veut gagner sur tous les tableaux, comme d'habitude.

Elle aime le terrain électoral depuis ses débuts, ce qui est plutôt rare en macronie. Elle commence dans l'ombre de Pierre Bédier, patron de l'UMP dans le département.

Elle est responsable locale des Jeunes populaires dont elle tente de prendre la tête nationale avant, déjà, de se rallier à celui qui est en meilleure position pour gagner, Benjamin Lancar. Toujours choisir le camp du plus fort, en attendant mieux et en évitant, en cas de défaite, de perdre ses chances futures.

Elle est élue conseillère aux municipales de 2014, à Magny-les-Hameaux, où elle est tête de liste pour la droite et le centre à vingt-sept ans. Elle a même tenu, à ce moment-là, son carnet de campagne pour le *JDD* en jouant sur son profil de jeune première.

Faire, mais surtout faire savoir, là est le secret d'Aurore Bergé, qui est finalement plus communicante que politique. On a toujours l'impression qu'elle joue le rôle d'une femme politique dans une série télé. La forme, mais pas le fond : « La campagne est une parenthèse, un temps privilégié où tout se vit en accéléré. Nous avons envie de faire durer ces moments, ces rencontres, ces dialogues, ces partages, cette insouciance, cette euphorie[1]. »

Pour Aurore Bergé, le vrai carburant de son ambition, c'est cette « euphorie » de la conquête du pouvoir, et une certaine jouissance dans les jeux, les calculs, les renversements d'alliance que cela suppose.

Tout cela, elle l'« assume » – autre mot-clé du lexique macronien : « L'ambition n'est pas un gros mot. Tout dépend de ce qu'elle permet de faire. Il faut être lucide sur soi-même, sur ce qu'on veut, sur qui on est[2]. »

Qui est-elle, alors, Aurore Bergé ? De quoi est-elle le nom ?

C'est une moderne, incontestablement, mais qui ne répugne pas aux méthodes de l'ancien monde pour parvenir à ses fins. Élue députée en 2017, elle est vite une des porte-parole les plus en vue, naviguant habilement entre les rivalités des chapeaux à plume de la macronie première période, aujourd'hui disparus : François de Rugy, Christophe Castaner, Richard Ferrand.

Elle accompagne la droitisation de Macron, contribuant à asphyxier son ancien camp. Elle donne même le baiser de la mort à Éric Ciotti en soutenant sa proposition de loi visant à interdire les accompagnantes voilées lors des sorties scolaires. Elle compagnonne avec le Printemps républicain, ces partisans d'une laïcité sans concession venus de la gauche, mais elle n'a pas un mot quand Macron, une fois réélu, ne leur donne rien, malgré leur ralliement au deuxième tour de l'élection présidentielle.

Devenue présidente du groupe Renaissance en 2022, le parti d'Emmanuel Macron formant une majorité relative, elle se fait remarquer par un autoritarisme certain, plus proche du caporalisme que du management participatif. Sous couvert de l'anonymat, un député macroniste de la première heure déclare : « C'est très compliqué. Elle a construit autour d'elle un petit clan francilien et le pouvoir n'est pas très partagé[3]. »

Ministre des Solidarités, ses premières sorties n'ont pas rassuré ce qui reste de l'aile gauche de son camp. Elle veut sanctionner les « parents défaillants » des jeunes délinquants et autres émeutiers des quartiers.

Cela vient directement de la boîte à idées de l'aile droite de LR, du RN et de Reconquête. Aurore Bergé est bien cette mutante politique qui a toujours senti quel camp avait le vent en poupe.

Il faudra, décidément, suivre cette jeune femme. Nous ne sommes pas, avec elle, au bout de nos surprises en matière de politique-spectacle.

Élisabeth Borne ou le « service inutile »

Dans son recueil d'essais *Service inutile* (publié en 1935 chez Gallimard), Henry de Montherlant écrit avec une lucidité désespérée : « Tout le monde, et toujours, nous pousse vers le moins bon de notre être, et ceux-là mêmes dont nous pouvions croire que c'était d'eux que nous viendrait l'encouragement à persister dans la voie étroite. »

Je ne sais pas si Élisabeth Borne a pensé à Montherlant quand elle a remis, le lundi 8 janvier 2024, la démission de son gouvernement. Mais le moins qu'on puisse dire est qu'Emmanuel Macron ne l'a pas encouragée à « persister dans la voie étroite », celle d'une Première ministre venue de la gauche et obligée d'assumer la droitisation du quinquennat à travers deux lois emblématiques, celle sur la réforme des retraites et celle sur l'immigration. Et pour reprendre la citation de Montherlant, Élisabeth Borne aurait-elle été poussée constamment vers « le moins bon de son être » ?

D'abord, elle est confrontée à des manifestations monstres pendant les premiers mois de 2023. Elle se révèle incapable de mettre autour d'une table des syndicalistes pour une fois unis dans un front du refus. Et elle use d'un coup de force pour interrompre les discussions sur la loi portant réforme des retraites à l'Assemblée, avec l'article 47-1 de la Constitution.

Ensuite, elle a fracturé sa propre majorité avec une loi sur l'immigration dont elle a reconnu en off que plusieurs articles la mettaient pour le moins mal à l'aise.

Pour couronner le tout, elle a été obligée de recourir au fameux article 49-3, devenu le symbole de l'autoritarisme présidentiel pour beaucoup de Français, pour cause de majorité relative quand il s'est agi de faire voter le budget.

Bref, elle semble n'avoir jamais reçu du président de la République que des incitations, voire des ultimatums, plutôt que des encouragements. En tout cas, vu de l'extérieur.

Qu'espérait-elle, au juste, quand elle a été choisie pour Matignon au lendemain d'une difficile élection présidentielle, suivie de législatives calamiteuses ? Renouer avec le macronisme originel, « ni de droite ni de gauche » ? Trouver sur chaque sujet des majorités d'idées ? Apparaître comme une réformatrice humaniste ?

Ce fut tout le contraire.

Pour commencer, il faut se rappeler qu'elle n'a pas été le premier choix. En témoigne le délai exceptionnellement long qu'il a fallu à Emmanuel Macron, une fois réélu, pour la nommer. Jean Castex a dû jouer les prolongations pendant plus de trois semaines.

Les indécis sont toujours cruels, et certains osent affirmer qu'Emmanuel Macron l'a été pour son second et dernier quinquennat. Prenant en compte la nouvelle poussée de Marine Le Pen, il a hésité sur son orientation stratégique.

Et d'une certaine manière, il hésite toujours, comme certains le soulignent, à l'image de Jupiter, entre une chèvre et un chou, afin d'être plus sûr de sa décision. Finalement, quand il s'est décidé, ce fut pour Catherine Vautrin. Cette ancienne ministre de Jacques Chirac, présidente de la Communauté urbaine de Reims, présentait tous les avantages politiques et médiatiques.

C'était une élue locale, chose qui manque si cruellement à Emmanuel Macron, elle avait une expérience politique, elle donnait un signe positif à cet électorat de droite qui vote de plus en plus souvent pour lui (enfin, pas tous !) et, c'était une femme, ce qui apportait une touche de « modernité » puisque, avant elle, seule Édith Cresson avait occupé le poste. Mais voilà, Catherine Vautrin devra attendre le remaniement de janvier 2024 pour prendre un « super » ministère du Travail et de la Santé.

En mai 2022, dans l'entourage du président, des voix s'élèvent, on a encore un vague Surmoi de gauche. Catherine Vautrin est jugée trop à droite, et surtout elle a été une opposante virulente au mariage pour tous, cette loi totem du progressisme.

Alors Macron, pour ne pas braquer son propre camp, décide, à défaut de choisir une personnalité politique de poids, de désigner quelqu'un parmi les « technos », comme il les aime aussi, des gens qui connaissent leurs dossiers sur le bout des doigts, d'anciens bons élèves.

Et ce sera Élisabeth Borne. Une « techno » par défaut : le moins mauvais choix possible pour le président. Mais est-ce tenable ? Élisabeth Borne a oublié ou voulu oublier le destin des Premiers ministres choisis « faute de mieux », comme Rocard avec Mitterrand. Élisabeth Borne, je crois, a commis à ce moment-là le pire des mensonges : celui qu'on se fait à soi-même.

Elle a déjà été ministre dans le précédent quinquennat, et à plusieurs portefeuilles : aux Transports, à la Planification écologique – où, déjà, elle remplace en catastrophe un Nicolas Hulot désespéré qui démissionne en direct sur France Inter – et enfin au Travail.

Déjà, elle ne laisse pas de grands souvenirs. Elle affronte les syndicats en 2018 dans la plus longue grève qu'ait connue la SNCF. Sa difficulté à communiquer ou à prendre en compte le facteur humain se voit vite. Le 31 mars 2018, elle lance ainsi dans une interview au *Parisien* : « C'est quoi le problème ? », à la veille d'une grève historique.

Cette réflexion est plus révélatrice qu'on ne pourrait le croire à première vue. Pour une « techno », si un dossier est bien ficelé, on ne comprend pas pourquoi les premiers concernés ne seraient pas d'accord. Cela illustre à merveille la déconnexion d'Élisabeth Borne, à l'image de tant de politiques de notre temps : nous sommes l'élite, donc nous ne pouvons pas nous tromper !

Mais elle est comme ça, Élisabeth Borne. Elle refuse de penser les problèmes politiques, sociaux et économiques en termes d'affect. Pour reprendre une distinction chère à Pascal, entre l'esprit de géométrie et l'esprit de finesse, elle préfère l'esprit de géométrie.

C'est ce qui lui a donné cette froideur qui n'a été démentie qu'à de rares occasions, comme lorsqu'elle fut amenée à évoquer, malgré elle, son passé familial douloureux et le drame de son enfance. Le suicide de son père – Juif, résistant et déporté à Auschwitz – quand elle a 11 ans, suivi d'une scolarité comme pupille de la Nation.

Rappelons-nous aussi sa colère face à l'autrice d'une biographie qui fait part des rumeurs constantes sur l'homosexualité de cette mère d'un garçon né en 1995, divorcée en 2008, et qui, depuis des années, vit en célibataire apparente, n'amenant jamais de conjoint dans les dîners officiels où ils sont pourtant invités.

Paradoxalement, c'est sa nomination à Matignon qui l'humanise un peu.

Elle se sait en sursis permanent, et il y a quelque chose dans le tempérament français qui fait qu'on trouve courageux les gens « qui tiennent ».

D'abord, elle aurait pu avoir une carrière primo-ministérielle beaucoup plus courte si elle avait été battue aux législatives de juin 2022. Emmanuel Macron a exigé qu'elle soit soit choisie par des électeurs pour légitimer son statut de cheffe de la majorité. On lui trouve une circonscription en or, dans le Calvados. Elle refuse qu'on dise d'elle que c'est une parachutée puisqu'elle est originaire de Livarot, même si elle n'y a jamais remis les pieds depuis son enfance.

Mais tout de même, dans cette sixième circonscription où le sortant, un « marcheur » qui ne se représentait pas, avait été élu largement, elle est contrainte à un second tour serré face à un candidat « insoumis ». Elle a poussé un soupir de soulagement en voyant le nombre de grands noms de la macronie tombés au champ d'honneur électoral.

Macron avait en effet décidé que les ministres qui se présentaient ne pourraient le rester s'ils étaient battus. Ce fut le cas pour la ministre de la Santé, Brigitte Bourguignon, la ministre de la Transition écologique, Amélie de Montchalin, la secrétaire d'État chargée de la Mer, Justine Benin, mais aussi pour des poids lourds de la majorité comme Christophe Castaner, Jean-Michel Blanquer ou Richard Ferrand.

Elle a, après cette bataille, des allures de miraculée, une bataille qu'elle a d'ailleurs menée avec sérieux mais sans éclat, comme tout ce que fait cette ancienne de Janson-de-Sailly, diplômée de l'École polytechnique et des Ponts et Chaussées. Il faut labourer le terrain, elle le laboure.

Elle s'humanise aussi, lors de sa prise de fonctions, quand elle envoie un message particulier aux petites filles pour qu'elles poursuivent leurs rêves et ne s'interdisent rien en matière de réussite. Cela dit, je ne suis pas sûre qu'au moment de la passation de pouvoir, au moment d'une prise de fonctions, se réduire au rang de femme soit bien nécessaire. Le parcours, la fonction, le titre ne se suffisent pas à eux-mêmes ? Si on poursuit le raisonnement, lorsqu'elle quitte ses fonctions, est-ce parce qu'elle est une femme ? Quel signal est alors envoyé aux petites filles ? Elle est sans doute finalement une femme comme les hommes en politique.

Elle se veut un symbole féministe, elle qui a été patronne de la RATP et a fait, sans jamais prendre la carte d'un parti, sa carrière dans les cabinets des grands ministres socialistes, et notamment de Jospin à Matignon. « Je ne corresponds peut-être pas au portrait-robot que certains attendaient. Cela tombe bien, la situation est inédite[1] », dit-elle après sa nomination à Matignon au journal *Le Monde*.

Tellement inédite qu'Emmanuel Macron, un soir de janvier 2024, en quelques minutes, lui signifie son congé.

La question, maintenant, pour celle qui est partie visiblement épuisée à Marrakech à peine sa démission donnée, est de savoir si, redevenue simple députée du Calvados, elle a pris goût au pouvoir ou si elle préférera le silence feutré de la haute administration.

Elle méditera peut-être sur cette autre phrase de Montherlant, toujours dans *Service inutile* : « La gloire ? Mais qu'est-ce que cela fait pour le bonheur ? »

Christine Boutin ou la foi en politique

Christine Boutin a été la femme politique la plus caricaturée de France. On l'a dit bigote, réactionnaire, on l'a vue brandissant une bible en pleine Assemblée nationale, au moment du Pacs voulu par Lionel Jospin. Elle avait été attaquée avec une telle violence pendant les débats par Lionel Jospin lui-même qu'elle s'était effondrée en larmes. Et que Lionel Jospin, contrit mais élégant, lui avait fait envoyer des fleurs.

La raison d'une telle acrimonie ? Christine Boutin a, la première, redonné sa visibilité, bien avant La Manif pour tous, à un courant de pensée qu'on n'entendait plus : la démocratie chrétienne, celle de Lamennais et de Lacordaire. Ces deux penseurs et hommes de foi furent des pionniers de la laïcité, dès 1830, en réclamant la séparation de l'Église et de l'État.

Et Christine Boutin a beau avoir été nommée par Jean-Paul II « consulteur » du Conseil pontifical pour la famille, elle juge nécessaire de préserver la laïcité au cœur de la République. Christine Boutin garante de la laïcité est un paradoxe, mais un paradoxe apparent pour qui sait que l'Évangile a lui-même défini cette séparation entre le temporel et le spirituel : « Rendre à Dieu ce qui est à Dieu et à César ce qui est à César. »

Fille de journaliste, elle confie que son engagement a commencé lors du vote de la loi Veil sur l'IVG qu'elle a ressentie, à tort ou à raison, comme la porte ouverte à toutes les dérives bioéthiques.

Maire d'Auffargis, dans les Yvelines de 1980 à 1983, elle est réélue pendant trente-cinq ans, de 1982 à 2017, conseillère départementale du canton de Rambouillet. Elle sera aussi députée pendant six mandatures, toujours dans les Yvelines, où elle siégera d'abord comme non inscrite avant de rejoindre l'UDF, et plus particulièrement le CDS, le parti de Jean Lecanuet et de François Bayrou, héritiers de la démocratie chrétienne.

Cette croyante a ainsi reçu une autre onction, celle du suffrage universel, avec ancrage local à la clé.

Voulant faire entendre sa voix au niveau national après la parenthèse Lionel Jospin, elle est candidate à l'élection présidentielle en 2002, ce qui fâche François Bayrou, lui aussi candidat contre Jacques Chirac. Elle ne fait qu'un peu plus de 1 %, c'est ce qu'on appelle une candidature de témoignage.

Mais chez la chrétienne Christine Boutin, la question du témoignage est une valeur importante : elle témoigne de l'Évangile dans une France déchristianisée suivant l'injonction que l'on trouve dans saint Matthieu : « Allez ! De toutes les nations faites des disciples. »

Quand Nicolas Sarkozy se présente en 2007, elle accepte de lui laisser le champ libre à condition qu'il ne mette en œuvre durant son quinquennat ni réforme sur l'euthanasie, ni sur le mariage homosexuel. Elle en est récompensée par le ministère du Logement. C'est l'époque où l'on voit naître de sa part des sympathies improbables au sein du gouvernement, par exemple pour Fadela Amara, venue de la gauche, fondatrice de Ni putes ni soumises et devenue secrétaire d'État chargée de la Politique de la Ville. Droite et gauche ne veulent plus dire grand-chose quand deux femmes de bonne volonté doivent s'occuper des plus démunis. La très conservatrice Christine Boutin fait ainsi voter une loi sur le droit opposable au logement pour tenter d'endiguer la marée montante des SDF.

Mais les médias *mainstream* n'aiment pas la complexité. Il leur faut des étiquettes. Christine Boutin sera la réac de service. Pourquoi aller chercher plus loin, je vous le demande.

On devine néanmoins son influence sur Nicolas Sarkozy quand celui-ci, dans un discours qui fit scandale, établit une hiérarchie entre l'instituteur et le pasteur, ce dernier étant déclaré plus apte à la transmission des valeurs morales.

Elle est pionnière dans la lutte contre une certaine gauche relativiste et communautariste, qui annonce le wokisme, une gauche pour laquelle : « Toutes les religions, elles sont belles, toutes les religions, elles sont gentilles. »

Christine Boutin n'est pas libérale sur le plan des mœurs mais elle ne l'est pas non plus sur le plan économique.

Cela devient rare, à droite mais à gauche aussi. Pour elle qui a dit se reconnaître dans les « principes » défendus par Attac (autre surprise !), l'économie de marché est un mal nécessaire, et elle plaint sincèrement les riches, car il sera beaucoup plus compliqué pour eux d'entrer au royaume des cieux. Vous savez, cette histoire du chameau et de l'aiguille dans la Bible.

Ses références en matière d'économie sont à chercher dans l'encyclique de Benoît XVI, *Caritas in veritate*, où il est dit que ce n'est pas l'homme qui est au service de l'économie mais l'économie qui est au service de l'homme.

Il se trouve, oui, que Christine Boutin a encore cette audace de s'intéresser à l'homme, à la façon dont il vit et dont il meurt, dont on le met en prison et dont on l'éduque, et ce loin des graphiques et des courbes qui seraient censés le résumer.

Pour elle, c'est la vie qui a toujours raison.

L'avortement ? C'est surtout la marque d'un échec de notre société parce que l'on n'a pas su assez créer, pour les classes les plus défavorisées, des conditions pour que la venue d'un enfant ne soit pas vécue comme une catastrophe.

L'euthanasie ? Pour Christine Boutin, il faut laisser médecins et familles décider de ce qu'il convient de faire en conscience, sans légiférer.

Cohérente jusqu'au bout dans cette politique de vie, Christine Boutin est logiquement opposée à la peine de mort. C'est ce souci de la dignité humaine qui en fait une personnalité de pointe sur la condition carcérale.

Elle conclut une tribune au *Monde* parue en 2009, et signée avec Louis Albrand, en écrivant que si la France continue à penser ses prisons comme elle le fait, elle se privera de « l'enjeu fondamental d'une réforme en profondeur de ses prisons et laissera en l'état une situation sanitaire et sociale indigne d'une démocratie moderne[1] ».

Plutôt surprenant, à droite.

Mais Christine Boutin sait que les prisons quatre-étoiles sont une vérité seulement pour ceux qui n'ont jamais visité un centre pénitentiaire. Elle milite donc pour neuf mètres carrés par détenu et surtout pour un numerus clausus qui se résume à une équation simple : un prisonnier pour une place de prison. Et Christine Boutin de rappeler au passage que si la prison punit, elle est là aussi pour réinsérer et éviter la récidive. Ce qui l'a conduite à cette idée très catholique de « justice réparatrice » visant à instaurer un lien entre le coupable et sa victime.

C'est que Christine Boutin, comme son illustre prédécesseur Lacordaire déjà cité plus haut, pense qu'entre le faible et le fort, « c'est la liberté qui opprime et la loi qui affranchit ». Et qu'il ne s'agit pas de culture de l'excuse mais de culture du pardon.

Oui, décidément, dans un pays qui ne sait plus ni aimer ni s'aimer, Christine Boutin n'est pas sans manquer dans notre paysage politique.

Yaël Braun-Pivet ou la surprise

Grande, blonde, Yaël Braun-Pivet a quelque chose des héroïnes d'Alfred Hitchcock. Dans une vie politique qui ressemble parfois à un film du maître du suspense, elle offre ce mélange d'impassibilité et de vulnérabilité typique des Grace Kelly et autres Tippi Hedren quand, au perchoir de l'Assemblée nationale, elle fait face à des débats houleux. Ou même à l'obstruction de certains groupes parlementaires, comme celui de LFI, bien décidé à « bordéliser » un hémicycle où la majorité parlementaire n'est que relative.

Ainsi, alors que la députée LFI Clémentine Autain intervenait à la tribune de l'Assemblée nationale sur la réforme des retraites, elle a rapidement été interrompue par Yaël Braun-Pivet, qui lui a reproché de ne pas l'avoir saluée avant de commencer : « Moi, on m'a appris à dire *"Bonjour"*[1]. » J'adore.

C'est qu'elle a dû s'imposer, cette « marcheuse » de la première heure, qui rejoint Emmanuel Macron dès octobre 2016 et fait partie de la vague LREM après les législatives de 2017. Elle est élue députée de la cinquième circonscription des Yvelines où se trouve Le Vésinet, sa ville, dans laquelle elle vit encore, mariée à un dirigeant de L'Oréal, Vianney Pivet, dont elle a eu cinq enfants.

Son élection, dans une circonscription tenue depuis toujours par la droite, est bien le signe du bouleversement électoral qu'a représenté l'arrivée en masse de ces *beautiful people*, sûrs d'eux-mêmes, à l'optimisme qui confinait à la naïveté.

Compatible avec la gauche sociale-démocrate et ne déplaisant pas pour autant à la rêveuse bourgeoisie de l'Ouest parisien, Yaël Braun-Pivet fait un score qui surprend les observateurs : elle obtient plus de 47 % des voix dès le premier tour, laissant loin derrière elle le sortant, l'inamovible Jacques Myard, maire de Maisons-Laffitte et régulièrement élu dans un fauteuil depuis… 1993 !

Et le plus drôle, c'est qu'elle a confié s'être présentée au culot, comme à un entretien d'embauche, parce que le parti présidentiel avait quasiment ouvert un bureau de recrutement pour les candidats putatifs.

Cette élection est, de fait, à l'image de l'illusion lyrique des premiers temps du macronisme. Une femme encore jeune, venue de la gauche, éliminant un baron de la droite qui fut en son temps proche de Charles Pasqua et de Nicolas Dupont-Aignan. Il est vrai que l'allure sage, bon chic bon genre de Yaël Braun-Pivet n'avait rien de la « partageuse » au couteau entre les dents.

Yaël Braun-Pivet s'était jusque-là toujours sentie de gauche, ou de centre gauche. Mariée, suivant les expatriations de son mari, elle est à un moment trésorière du PS à Tokyo pour les Français de l'étranger. Mais rien qui n'indique, à ce moment-là, une ambition.

Elle naît dans l'est de la France, d'une mère élevée à l'Assistance publique et devenue sténodactylo et d'un père cadre dans une entreprise publicitaire, du côté de Nancy. Si l'on remonte à une génération, c'est toute l'horreur de l'histoire du xxe siècle qui surgit. Cette femme, qui se déclare athée, est la petite-fille d'un tailleur juif polonais qui a fui l'Allemagne nazie dès les années 1930, avant d'être résistant dans la France occupée et décoré à la Libération. Elle n'accorde alors pas d'attention particulière à cette identité juive, sinon lors des visites dans la boutique de ses grands-parents qui avaient gardé la tradition de la gastronomie yiddish.

Mais elle lui est revenue brutalement en plein visage dès 2021 quand des messages antisémites sont tombés dans sa boîte mail. Plus encore quand elle se rend en Israël après le massacre du 7 octobre 2023 et qu'elle affirme courageusement son « soutien inconditionnel » à la guerre contre le Hamas, et que Jean-Luc Mélenchon, dans un tweet dont on a du mal à penser qu'il était une simple maladresse chez un orateur maniant si bien le langage, déclare : « Pendant ce temps Madame Braun-Pivet campe à Tel-Aviv pour encourager le massacre. Pas au nom du peuple français ![2] »

Avant de rencontrer cette violence verbale, la jeune Yaël s'intéressait à l'actualité autour de la table familiale, puis pendant ses études de droit à Nanterre. Adolescente, elle a lu passionnément *Le Pull-over rouge*, de Gilles Perrault, qui raconte l'affaire Ranucci et l'exécution capitale d'un jeune homme dont on saura plus tard qu'il était innocent. Il n'en faut pas plus pour faire naître une vocation. Elle sera avocate.

Elle devient aussi extrêmement active dans des associations caritatives et notamment aux Restos du cœur, car elle est devenue mère de famille nombreuse et il lui est plus compliqué de plaider.

C'est donc, en 2017, une simple primo-députée au milieu d'un groupe pléthorique. Son entregent, sa capacité de séduction, sa bonne humeur qui enchante jusqu'aux huissiers de l'Assemblée, tout cela devient presque malgré elle une arme politique.

Au culot, toujours, elle vise la présidence de la commission des Lois qui n'a jamais été occupée par une femme depuis Catherine Tasca, près de vingt ans plus tôt. C'est un poste important, il est prévu pour d'autres, plus chevronnés. Mais LREM est encore un mouvement en ébullition, pas vraiment structuré, et la voilà présidente de commission. Le procès en incompétence est vite arrivé : « Elle est un peu juste pour présider une telle commission » ; « On la sent friable et pas sûre de ses arguments »[3].

Beaucoup la soupçonnent d'avoir été « bombardée là pour son profil, c'est-à-dire la parité, et le prétendu parcours d'avocat, alors qu'elle n'a pas exercé depuis quinze ans[4] ! » Quant au *Canard enchaîné*, il l'épingle pour avoir dit que le mercredi, jour des enfants, il ne faudrait pas compter sur elle.

Elle s'en moque un peu, elle n'a pas cinquante ans et elle a su conjuguer plusieurs existences, avocate dans le prestigieux cabinet d'Hervé Temime, puis impliquée dans l'engagement associatif, et enfin dans la politique où elle a été élue du premier coup.

Oui, ce procès est sans doute injuste, et il n'aurait pas pris cette forme si elle avait été un homme. En revanche, la certitude, c'est que, homme ou femme, elle a perdu de son indépendance et de celle de son institution en refusant à l'été 2018 que la commission parlementaire entende les proches du président de la République lors de l'affaire Benalla, qui de fait s'est trouvée enterrée, au grand soulagement de l'Élysée.

Elle est la première à accepter ce qui deviendra une habitude en macronie : qu'on écorne la séparation des pouvoirs. Est-ce parce qu'elle pense déjà à la suite de sa carrière, qu'elle calcule, qu'elle a compris qu'Emmanuel Macron allait tout régenter, tout le temps, et qu'il valait mieux lui plaire ? Son bref passage au ministère des Outre-mer lui aurait-il donné un certain goût du pouvoir, quitte à perdre cette espèce de fraîcheur qui a animé ses premiers pas ?

« Je n'ai jamais pensé à la marche d'après[5] », déclare-t-elle quand on l'interroge sur son itinéraire. Mais à peine réélue en 2022, elle décide de tenter sa chance pour la présidence de l'Assemblée, qui fait de la personne qui l'occupe le quatrième personnage de l'État. Là encore, d'autres sont prévus pour le perchoir. Quitte à fâcher le président de la République, elle se présente quand même. Encore une fois, c'est son coefficient personnel qui a fait la différence : elle plaît aux députés, elle sait leur parler. En plus, elle entre, avec Édith Cresson, dans la catégorie très fermée des pionnières. Elle est la première à occuper un poste jusque-là dévolu aux hommes. Voilà qui ajoute au lustre féministe du macronisme.

Mais elle a aussi défié le président en battant son candidat. Cela ne lui déplaît pas, elle apprend à instaurer des rapports de force. Cependant, elle le défie seulement jusqu'à un certain point. L'indépendance de l'Assemblée va prendre des coups. Yaël Braun-Pivet accepte les 49-3 à répétition et les procédures accélérées pendant les discussions sur les retraites.

Elle est allée même plus loin.

Elle avait la possibilité de changer le cours de l'histoire quand le groupe Liot de Charles de Courson a voulu déposer une proposition de loi pour abroger la retraite à soixante-quatre ans, comme le règlement le lui permettait. Ce projet avait une chance de trouver une majorité. Elle a semblé hésiter, les pressions de l'Élysée et de Matignon n'ont pas cessé, on a cru un moment qu'elle allait résister avant d'annoncer, finalement, qu'elle faisait barrage à cette proposition de loi. Une reddition sans condition. C'est finalement assez triste, je trouve, que de prendre le risque de rester dans l'histoire comme la première ou la seule présidente de l'Assemblée nationale à avoir pris ses ordres à l'Élysée.

Alors que penser de Yaël Braun-Pivet ?

Est-ce que l'appétit lui est venu en mangeant ? Est-ce que celle qui avait surpris son monde par son côté bonne copine ne serait pas devenue une ambitieuse prête au compromis, voire aux compromissions ? Non, si l'on en croit son mari, Vianney Pivet, dont elle dit que c'est lui qui assume la « fameuse charge mentale » des femmes qui doivent s'occuper de la famille et de leur métier. Mais c'est son mari...

Quant à Xavier Chinaud, conseiller spécial à la présidence de l'Assemblée nationale, il déclare : « Certains observateurs commencent à lui prêter une ambition pour 2027. Cela a fait progresser sa notoriété mais cela ne reflète pas son sentiment. Elle doit faire fonctionner une Assemblée nationale dont on répète toutes les semaines qu'elle va être dissoute, j'ai l'impression que cela suffit amplement à son bonheur[6]. »

On se rassure comme on peut...

Marie-George Buffet ou le communisme à la française

Il y a encore en France un parti communiste. Cela peut surprendre, voire indigner. Comment peut-on se réclamer d'une idéologie qui a fait des centaines de millions de morts dans les pires régimes totalitaires du XXe siècle, comme l'ont admirablement documenté les historiens François Furet ou Stéphane Courtois.

Oui, on peut se demander : « Comment peut-on être communiste ? », à la manière dont Montesquieu se demandait : « Comment peut-on être Persan ? »

Un élément de réponse est peut-être à trouver auprès des communistes français eux-mêmes, qui ont fréquemment été des élus locaux de qualité, proches des gens et souvent respectés par leurs adversaires eux-mêmes.

Marie-George Buffet a été une de ces élues communistes. Elle a aussi été la première femme à la tête du PCF, après le départ de Robert Hue. Ceux qui l'ont approchée ont apprécié son honnêteté intellectuelle, sa faculté d'écoute, sa voix chaleureuse et grave de fumeuse.

Elle consent à prendre la direction du parti au pire moment de son histoire, entre 2001 et 2010, alors que son influence électorale se réduisait à quelques îlots rouges tenus par des élus pour qui on votait davantage en fonction de leur personnalité que de leur étiquette.

Elle accepte également d'être candidate à la présidentielle en 2007, alors que la gauche radicale, celle qui avait dit non au référendum de 2005, s'était révélée incapable de présenter une candidature « antilibérale » unique. Le résultat de Marie-George Buffet est le pire de l'histoire du PCF à une présidentielle : moins de 2 % des voix.

Qu'a-t-elle pensé ce soir d'avril 2007 ? Qu'elle allait être la dernière et qu'elle allait fermer la lumière en sortant ? Elle a confié au journal *Le Monde* en 2023, elle que tous s'accordent à reconnaître comme un modèle de pudeur et de solidité : « Personnellement, j'ai vécu des mois très difficiles, je me sentais très mal. J'habitais à l'époque un appartement en étage. Sur mon balcon, j'étais attirée par le vide, j'ai eu peur de tomber. J'avais le sentiment d'avoir cassé quelque chose. C'était une forme de déchéance personnelle[1]. »

On sait que si la victoire a de nombreux pères, la défaite est orpheline…

Le communisme pour Marie-George Buffet, née en 1949, et contrairement à de nombreux cadres du PCF de sa génération, n'est pas une histoire de famille.

Son père était un lecteur de *L'Aurore*, un journal de droite. Il était ébéniste. Marie-George était au milieu de la fratrie de sept enfants, entre trois frères et trois sœurs. Le père fabriquait les tableaux de bord des voitures Citroën, puis quand le constructeur a standardisé sa production, il est devenu garagiste. Il a mal tenu ses comptes et a fait six mois de prison à Fresnes. Sa peine accomplie, il n'est jamais revenu à la maison et a disparu dans la nature.

La famille continue à habiter dans le garage déserté, la mère a du mal à faire vivre tout ce petit monde, sa santé est mauvaise, elle perd ses dents. Ce genre de détails marque une enfant, et la sortie de mauvais goût de Hollande sur les « sans-dents » racontée par Valérie Trierweiler n'a pu que lui faire mesurer à quel point les socialistes n'étaient pas si sensibles que ça à la question… sociale.

Marie-George Buffet, qui s'appelle alors encore Marie-George Kosellek, sait ce que veut dire la pauvreté : « Je sais ce que sont les coupures d'eau et d'électricité. […] Les difficultés sociales, ce n'est pas seulement l'argent, mais aussi les répercussions sur le psychisme et sur le corps. J'ai toujours été extrêmement sensible à ces signes qui sont des atteintes à la dignité des hommes et des femmes.[2] »

Entre la résignation et la révolte, elle choisit la révolte. Un jour de mai 1968, alors qu'elle est en terminale, elle croise les bras en cours de philo. On arrête tout dans son lycée d'Angers, un lycée de jeunes filles devant lequel crient les garçons du lycée technique pour les inciter à rejoindre la grève.

C'est une enfant de l'école publique, elle lui doit tout et d'abord la promotion sociale de ses frères et sœurs qui deviennent bibliothécaires, médecins, enseignants. Et c'est une bourse qui lui permet en septembre 1968 de s'inscrire en histoire à la Sorbonne-Censier en vivant en Cité-U.

C'est là, dans les assemblées générales contre l'augmentation des loyers, qu'elle s'inscrit au parti : « Le PCF était celui qui correspondait le plus à mes motivations : le combat pour la justice sociale et les grandes mobilisations pour la paix au Vietnam. Je ne connaissais personne, donc j'ai écrit une lettre au siège. [...] En adhérant, j'avais le sentiment de m'engager dans un projet collectif pour changer la société, installer le socialisme en France[3]. » Sentiment qu'elle n'avait pas eu en assistant auparavant aux discussions byzantines entre les trotskistes et les maoïstes.

Pour Marie-George Buffet, le communisme, c'est du concret. C'est la politique de la cage d'escalier, des tractages, de la ronéo. On repère cette militante sérieuse alors qu'elle songe à devenir prof d'histoire.

On lui propose de travailler comme secrétaire du maire communiste du Plessis-Robinson. Elle se marie, avec un « camarade », elle a des enfants, elle vit dans cette contre-société propre au communisme municipal.

Une fraternité quotidienne, quelque chose qui est de l'ordre de la famille élargie. Quand elle s'installe à Châtenay-Malabry, on lui propose tout naturellement de figurer sur la liste communiste qui emporte la mairie aux élections municipales de 1977. Elle devient adjointe aux Affaires sociales.

À cette époque, le PCF représente un électeur sur cinq. Marie-George Buffet croit à la victoire possible d'un communisme à la française. Ça ne l'empêche pas, parallèlement, de voir les problèmes spécifiques des femmes au sein du parti où le féminisme est considéré comme une préoccupation bourgeoise qui brouille la lutte des classes. Il ne faut pas oublier, en effet, que le PCF n'a jamais été un modèle en matière d'émancipation des femmes. Dans les années d'après-guerre, Jeannette Vermeersch, la femme de Thorez, dirigeante de premier plan du parti, s'oppose à l'avortement avec vigueur ainsi qu'à tout moyen de contraception et déclare : « Mais depuis quand les femmes prolétaires luttent pour les mêmes droits que les dames de la bourgeoisie ? Jamais… Depuis quand les femmes travailleuses réclameraient le droit d'accéder aux vices de la bourgeoisie ? Jamais ![4] » On voit que Marie-George Buffet revenait de loin sur ces questions d'un PCF phallocrate et homophobe, comme dans les déclarations de Jacques Duclos, candidat à la présidentielle de 1969, sur les « pédérastes ». Et tout ça au nom de la lutte des classes !

Alors, Marie-George Buffet crée des associations et envoie sur les roses un responsable du parti qui lui dit que c'est parce qu'elle travaille trop que son fils a des difficultés de lecture.

Mais, ironie de l'histoire, il n'est pas sûr que le féminisme *old school* de Marie-George Buffet plaise beaucoup aujourd'hui. Son souci, c'était celui de la travailleuse plus que de la femme en tant que telle, c'est un combat pour l'égalité des salaires et contre l'attitude machiste des « petits chefs » dans les usines.

C'est un féminisme populaire, de bon sens, pris entre deux feux : celui du machisme historique du PCF, dont le groupe à l'Assemblée est très peu paritaire, et celui des wokistes écologistes ou « insoumises ».

Pendant les législatives anticipées de 1997, elle est candidate en Seine-Saint-Denis. Sur un marché du Blanc-Mesnil, où elle fait campagne, elle est présentée par Robert Hue à Lionel Jospin, qui sera Premier ministre si la gauche l'emporte.

Cela fait dix ans que cette inconnue médiatique est pourtant devenue un poids lourd du PCF, depuis son entrée en 1987 au comité central puis au bureau politique, le saint des saints du parti. La « mutation » entamée par Robert Hue, elle l'approuve tout en la regardant avec prudence. Elle fait de la politique, de la vraie, elle apprend à dissimuler, à manœuvrer, avec déjà à l'époque une constante : un certain énervement face à ces « modernisateurs » du PCF qui se préoccupent plus de légaliser le cannabis que de connaître les mômes des cités.

On retrouvera finalement, des années après, cette position chez Fabien Roussel pour qui le social reste plus important que le sociétal.

Quand elle est nommée au ministère de la Jeunesse et des Sports, après la victoire de Lionel Jospin, elle surprend son monde. D'habitude, ce ministère est réservé à d'anciennes stars olympiques ou à des sportifs de haut niveau. Le patineur Alain Calmat pour la gauche, Guy Drut, David Douillet ou Bernard Laporte pour la droite, Roxana Maracineanu ou Amélie Oudéa-Castéra pour la macronie.

Paradoxalement, pour Marie-George, c'est une chance de ne pas être de la « famille sportive » : elle compose un cabinet de professionnels qui connaissent parfaitement le mouvement sportif, ce qui lui permet de se concentrer sur l'orientation politique. Elle devient une de ces ministres exemplaires de la « gauche plurielle » et de la *dream team* jospinienne. Robert Hue commente : « C'est le type même de militante qui est toujours à s'interroger sur ses capacités, mais qui, une fois en fonction, occupe avec autorité sa place[5]. »

On lui doit un combat sans faille contre le dopage et contre cette manière de regarder ailleurs de la part des grands responsables des fédérations sportives ou du CIO. Elle remet aussi de l'ordre dans les droits de diffusion des événements sportifs avec une taxe pour financer le sport amateur.

Quand elle quitte la vie politique en 2022, elle devient coprésidente, avec Stéphane Diagana, du Comité national pour renforcer l'éthique et la vie démocratique dans le sport. En décembre 2023, elle présente à la ministre Oudéa-Castéra, une de ses successeures, trente-sept propositions.

Et elle déclare : « Si le sport reste dans l'entre-soi, on ne peut pas mener le combat de l'éthique. » Il suffit de remplacer « sport » par « politique » pour avoir sans doute la vision de la politique selon Marie-George Buffet. Une vision que cette communiste ne portera plus puisqu'elle est désormais retirée de la politique active…

Agnès Buzyn
ou l'égarement en politique

Il y a deux manières de faire le portrait d'Agnès Buzyn : à charge et à décharge.

On peut raconter son histoire comme celle d'une ambitieuse punie par son ambition, ou comme celle d'une femme sacrifiée qui a accepté son sacrifice au nom de l'intérêt supérieur, non pas de la France, mais d'une fidélité à celui qui avait fait d'elle sa ministre de la Santé : Emmanuel Macron.

Faire la part des choses est bien difficile, même après la lecture du *Journal* qu'elle a publié chez Flammarion en septembre 2023, couvrant la période de janvier à juin 2020, et diffusé avec le bandeau « Agnès, tu as fait peur au Président… ».

La pandémie de Covid-19 commence à déferler sur la France dès le mois de février, alors qu'elle est ministre de la Santé. Ce qui la rend si difficile à comprendre, c'est qu'elle démissionne de ce ministère le 16 du même mois pour se porter candidate en catastrophe à la mairie de Paris. Bien sûr, après la révélation d'une *sextape* mettant en scène le candidat officiel de La République en marche, Benjamin Griveaux, alors étoile montante de la macronie, on avait besoin d'une nouvelle tête de liste. Voilà donc une femme qui n'hésite pas à déserter le ministère de la Santé pendant qu'une catastrophe sanitaire sans précédent menace le pays. Et pour aller conquérir la mairie de la capitale. Difficile à comprendre.

Mais, objecteront ses défenseurs, personne ne pouvait deviner l'ampleur du séisme viral qui arrivait, même la ministre de la Santé. Et pourtant, dans son *Journal*, elle montre, grâce à de nombreux SMS échangés avec l'Élysée et Matignon, qu'elle savait qu'un « tsunami » allait arriver. Elle décrit de manière très convaincante, d'ailleurs, sa solitude dans les coulisses du gouvernement.

Durant cette période, elle dit avoir très tôt, dès le mois d'octobre 2019 et l'apparition des premiers cas à Wuhan, eu « l'intuition » d'un événement gravissime. Nourrie par son expérience et ses connaissances scientifiques, alors que l'épidémie ne sévit qu'en Chine et qu'il n'y a en France que trois cas confirmés, elle avertit Édouard Philippe.

Mais cette intuition n'est partagée ni par l'OMS ni par le Centre européen de prévention et de contrôle des maladies, ni par la communauté scientifique. Elle n'arrive à convaincre personne, en fait : ni le personnel hospitalier qui est alors en grève depuis des mois, ni l'Ordre des médecins qui, malgré trois réunions de crise au ministère, ne fait passer aucun message d'alerte aux médecins de ville.

Elle refuse pourtant d'en vouloir à Emmanuel Macron et à Édouard Philippe de ne pas comprendre ce que des médecins et des scientifiques eux-mêmes ne voient pas comme un problème. Elle explique ainsi pourquoi elle a accepté finalement de démissionner pour se porter candidate : elle se serait convaincue elle-même qu'elle se trompait, qu'elle ne pouvait pas avoir raison toute seule.

Mais pourquoi, alors, ses larmes lors de la passation de pouvoir avec Olivier Véran, de vraies larmes, et pas des larmes de crocodile. Et pourquoi avoir dit plus tard que cette démission était « la plus grosse erreur de sa vie[1] », que maintenir les élections municipales en pleine épidémie avait tout de « la mascarade[2] » ?

Il y a chez Agnès Buzyn, à première vue, quelque chose qui pourrait ressortir du héros tragique, tiraillé entre deux loyautés inconciliables. Alors, Agnès Buzyn, héroïne tragique forcée à mourir à la fin de la pièce ?

Non. Car si elle est sincère dans son *Journal*, si elle explique, une fois sa candidature actée, n'avoir plus eu aucune possibilité d'agir sur la pandémie pendant la suite de la crise sanitaire, malgré les messages et les conseils qu'elle faisait passer à l'exécutif, elle n'est pas morte, même symboliquement.

Elle-même a eu quelques jolis lots de consolation. Au bout du compte, une des caractéristiques de l'élite, c'est qu'elle protège les siens, qui finissent toujours par retomber sur leurs pieds. Et s'il y en a une qui incarne parfaitement l'élite, c'est bien Agnès Buzyn.

Dès avril 2020, elle est réintégrée à l'Assistance publique-Hôpitaux de Paris alors qu'elle est toujours candidate pour le deuxième tour qui n'aura lieu qu'en juin.

Elle se refuse cependant à mener campagne à distance, décence que n'auront pas Anne Hidalgo ni Rachida Dati, au point qu'on songe même en haut lieu à la remplacer en cours de route. À moins que ce ne soit pas de la décence, mais qu'Agnès Buzyn n'ait déjà pensé à l'avenir et à ne pas se compromettre davantage dans la mascarade. Pour le dire autrement, même la vocation de martyr a ses prudences, ses calculs et ses limites. Bref, Agnès Buzyn n'est pas une sainte !

Et comme on ne mène bien que les batailles auxquelles on croit, Agnès Buzyn est sèchement battue en juin 2020 quand arrive le second tour des municipales où elle ne finit qu'en troisième position derrière ses deux rivales.

Elle n'est pas punie non plus quand elle est nommée à l'OMS en janvier 2021, puis à la Cour des comptes en septembre 2022. On a connu pire destin, d'autant plus qu'elle est ressortie blanchie en janvier 2023 de l'accusation de « mise en danger de la vie d'autrui » qui l'avait conduite devant la Cour de justice de la République.

Agnès Buzyn, quand elle est nommée ministre de la Santé en mai 2017, avec son élégance sage et son visage non dépourvu de douceur, avait pourtant tout pour être une des grandes figures de la macronie. Emmanuel Macron prétendait vouloir les meilleurs dans chaque poste. Il disait privilégier avant tout la compétence, refusant de prendre en compte le poids politique ou les équilibres partisans, toutes choses qui sentaient trop le « vieux monde ».

Néanmoins, celle qui se déclare, si on insiste, comme une femme de gauche a dû aussi malgré elle jouer un rôle de caution pour le « en même temps » macroniste.

Ce que le président aimait chez elle, c'était surtout qu'elle était reconnue comme une sommité de l'hématologie et de l'immunologie. Et puis, il y avait son histoire familiale, marquée par la Shoah : elle est la fille d'Élie Buzyn, né à Lodz en 1929, qui voit son propre frère exécuté par les nazis avant d'être déporté à Auschwitz et de survivre à la sinistre « marche de la mort » quand l'Armée rouge s'approche du camp et que les SS emmènent de force les déportés.

En France, il devient chirurgien orthopédique et se marie à une psychanalyste. C'est en 1962 que le couple donne naissance à Agnès. Et c'est elle, émue, qui annonce avec émotion la mort d'Élie à l'âge de quatre-vingt-treize ans en mai 2022 : « Il est décédé ce matin. Il était entouré de sa famille. Il a fait un malaise [...] juste après une conférence de témoignages, où il était avec des jeunes pour "passer le relais". Une conférence qui a été très émouvante, très bouleversante, qui l'a beaucoup touché[3]. »

D'abord mariée avec l'avocat Pierre-François Veil, fils de Simone Veil, puis avec Yves Lévy, autre sommité de l'immunologie, spécialiste du sida, elle est aussi une femme d'expérience qui a connu les plus hautes responsabilités en matière de santé.

Si, au début de sa vie professionnelle, elle se refuse à faire de la politique, elle côtoie pourtant beaucoup de personnalités issues de ce monde. Jean-Louis Borloo fait appel à elle pour présider en 2008 l'Institut de radioprotection et de sûreté nucléaire (IRSN) et, au moment de l'accident de Fukushima en 2011, elle est le visage de la communication de la France, faisant preuve de sang-froid et qualifiant « d'émotionnelle » la réaction d'Angela Merkel qui décide de fermer toutes les centrales nucléaires allemandes. Ce qui a sans doute aidé à préserver, par ricochet, la filière française.

Elle occupe aussi des présidences stratégiques comme celle de l'Institut national du cancer ou celle de la Haute Autorité de santé. Et, sous Hollande, son nom revient plusieurs fois pour être ministre dans un gouvernement dont le Premier ministre aurait pu être Emmanuel Macron.

Cela arrive finalement en mai 2017, mais cette fois-ci, c'est Emmanuel Macron qui est président. À peine nommée, on l'accuse de conflits d'intérêts puisque son mari, Yves Lévy, est le patron de l'Inserm mais, signe des temps, c'est lui qui annonce qu'il ne poursuivra pas son second mandat pour ne pas gêner son épouse.

C'est pour cela que je trouve un peu courtes certaines de ses déclarations pour justifier ses atermoiements en 2020 et celles prétendant qu'elle n'aurait pas été écoutée. À *Libération*, lors de la sortie de son *Journal*, elle n'a pas hésité à jouer la carte de la victime d'un machisme structurel : « Cette crise est une crise d'hommes. Les décisions ont été prises par des hommes, au gouvernement, au Conseil de défense, au Conseil scientifique, à la tête des partis et des associations d'élus. À commencer par le maintien des élections municipales. Le fait d'être une ministre femme, issue de la société civile, sans poids politique, a joué contre moi, c'est évident. Je n'ai probablement pas la grosse voix qui en impose[4]. »

Sa voix, elle a pourtant su la faire encore entendre lors du débat autour de l'immigration fin 2023. Pour elle, au lieu de s'attaquer à l'immigration clandestine, on en venait à réduire l'attractivité de notre pays pour les étrangers légaux. Et sans surprise, elle a défendu bec et ongles l'aide médicale de l'État, en parlant d'abus « totalement minoritaires ».

Macroniste de gauche hors de la macronie, encore une fois, Agnès Buzyn, aussi brillante soit-elle, se retrouve aujourd'hui dans une bien étrange position… dans laquelle, quoi qu'elle en dise, elle s'est mise elle-même.

Bernadette Chirac
ou l'ombre refusée

Bernadette Chirac a-t-elle sa place dans cette galerie de femmes politiques ? Après tout, elle est d'abord la femme de Jacques Chirac, élu deux fois président de la République.

L'histoire des premières dames serait à écrire d'ailleurs, tant elles ont vécu cette fonction paradoxale de manières différentes. Je parle de paradoxe, car la fonction n'existe pas, malgré l'utilisation régulière qui est faite du terme.

C'est plutôt l'usage et la personnalité de ces femmes qui dessinent les contours de leurs fonctions. Yvonne de Gaulle, affectueusement présentée comme « Tante Yvonne », reste volontairement et strictement dans l'ombre. Tout comme le fait Anne-Aymone Giscard d'Estaing lors de l'élection de son mari en 1974.

Claude Pompidou, pour sa part, a consciemment été l'atout glamour d'un président présenté comme moderne après l'apparat gaulliste suranné. Claude accompagne son mari dans son amour de l'art contemporain, de la poésie, des grosses cylindrées et des plats du terroir, mais elle n'aime pas l'Élysée qu'elle appelle « la maison du malheur » : le palais présidentiel est d'abord le cadre de la douloureuse agonie de son mari qui, de surcroît, devait rester cachée. C'est elle, encore, qui, pour tenter d'occulter une solennité désuète, fait entrer le design dans le mobilier de l'Élysée. Elle encore, amie de Coco Chanel, qui vêt sa silhouette longiligne de mannequin avec les créations des grands couturiers. Mais, finalement, sur un plan politique, elle reste purement ornementale. Un ornement intelligent, cultivé, drôle, mais un ornement. Seul l'amour réciproque entre elle et son mari explique qu'une femme qui tutoyait Soulages et Françoise Sagan ait pu accepter un tel rôle.

Plus tard, les premières dames seront à l'image des évolutions la société. Si Danielle Mitterrand accepte de ne pas divorcer alors que le couple était *de facto* séparé bien avant l'élection de François Mitterrand, elle garde son autonomie, elle qu'on disait « plus à gauche que son mari » et qui n'hésite pas à rendre visite à Fidel Castro. Quant à nos derniers présidents en date, ils ont parfois exposé leurs tribulations conjugales au plus haut sommet de l'État. Nicolas Sarkozy divorçant de Cécilia après le départ de cette dernière pour faire de la chanteuse de gauche, la magnifique Carla Bruni, sa nouvelle épouse. Le vaudeville joué par François Hollande, répudiant d'un communiqué goujat Valérie Trierweiler après avoir été surpris par les paparazzi dans une mémorable sortie en scooter pour aller rejoindre l'actrice Julie Gayet. Sans compter le couple formé par Brigitte et Emmanuel

Macron avec cette différence d'âge, Brigitte ayant vingt-quatre ans de plus que son mari. Cela a provoqué certaines moqueries hors de propos mais aussi, pour Brigitte, la sympathie des femmes mûres trop souvent occultées par le jeunisme ambiant.

Bernadette Chirac, elle, a finalement résumé toutes les contradictions de cette fonction et les a assumées avec une grande dignité, notamment quand on évoquait les infidélités à répétition de ce séducteur compulsif que fut Jacques Chirac. Cela lui a valu la sympathie des Français au point que le cinéma lui a consacré un biopic où son rôle est joué, excusez du peu, par Catherine Deneuve.

Elle a d'abord été cette jeune fille de bonne famille au nom si français de Bernadette Chodron de Courcel, héritière d'une lignée de diplomates gaullistes où les valeurs fondamentales sont la tradition, la bienséance et la foi.

Ces valeurs, Bernadette Chirac les gardera toute sa vie. On lui a reproché, au nom d'une laïcité mal comprise, une visite d'État au pape Jean-Paul II où elle portait une mantille et où elle a reçu en cadeau du Saint-Père un chapelet qu'elle a toujours gardé sur elle.

Mais la jeune fille était déjà, en bonne gaulliste, une rebelle. Rebellion timide tout d'abord quand, adolescente, elle ose fréquenter seule et en cachette les librairies.

On connaît l'histoire de sa rencontre sur les bancs de la première année de Sciences Po, à l'orée des années 1950, avec le jeune Jacques Chirac qu'elle épouse en croyant devenir la femme d'un haut fonctionnaire, avant de s'apercevoir qu'elle a désormais à ses côtés un grand fauve politique.

Elle joue le jeu, longtemps, lui donne deux filles, dont une souffrira d'une terrible anorexie. Ce fut la croix portée par le couple, qui l'entoura de tout l'amour possible, et cela explique aussi l'indéfectible engagement de Bernadette Chirac auprès des hôpitaux de France.

Sa foi, son sens des convenances, son maintien parfait n'empêchent pas son émancipation face à un mari chaleureux mais qui conçoit toujours le couple comme dans le monde d'avant, la femme ayant pour rôle principal de tenir la maison et de faciliter le quotidien.

C'est de Gaulle, lors d'une réception, qui demande à l'épouse de ce jeune homme brillant, déjà secrétaire d'État, comment elle fait pour le distraire. Elle comprend alors son enfermement. Quelque chose se cabre en elle, une morsure d'orgueil. Elle peut faire autre chose de sa vie qu'être « la femme de ». Pour se le prouver, et dans le même temps impressionner son mari déjà grand amateur des arts premiers, elle passe une maîtrise d'archéologie.

Il y a toujours eu quelque chose qui résonne en moi de manière émouvante quand j'imagine cette mère de famille sur les bancs de la faculté, à la conquête d'une reconnaissance qu'elle ne devrait qu'à elle.

Et puis, je ne veux pas qu'on oublie que Bernadette Chirac a aussi la tête politique. Pas seulement quand elle se fait élire conseillère municipale de Sarran puis conseillère générale de la Corrèze, sur les terres de son mari.

Une conseillère générale aussi obstinée que son mari, capable de batailler auprès d'un responsable de La Poste pour empêcher la fermeture d'un bureau dans son canton. Elle est aux côtés de Jacques Chirac après son score très décevant du premier tour des élections de 1988 contre le sortant François Mitterrand : « Décidément, les Français n'aiment pas mon mari. »

Mais elle est là, aussi, le jour de la victoire, enfin, en 1995.

Ses efforts n'ont pas été vains. Elle forme d'ailleurs avec Jacques Chirac le couple qui vit le plus à l'Élysée. Ce n'est pas pour elle, comme ce le fut pour Claude Pompidou, la maison du malheur mais la maison du pouvoir.

Femme d'ordre, elle aime les symboles, et l'Élysée est un symbole. Celui de la France et, à ce titre, elle sait se transformer en véritable intendante. Nulle première dame ne sera aussi attentive, certains diront même « autoritaire », dans la gestion du Palais, jusque dans le moindre détail de l'ordonnancement d'une table pour un dîner officiel ou pour les parterres de roses dans les jardins.

Elle est bien consciente, dans un monde où l'image a un rôle de plus en plus important, que sa métamorphose en première dame passe par le look. Elle veut en finir avec son allure de grande bourgeoise un rien coincée sans pour autant perdre en dignité : Karl Lagerfeld, qui devient un ami, à défaut de l'habiller, est un conseiller précieux.

Il est aussi celui qui satisfait chez cette femme aux contradictions secrètes, pour qui la pudeur est une vertu cardinale, un appétit pour une vie mondaine à laquelle Jacques Chirac était assez indifférent, comme lors de cette sortie en 2009 au VIP Room de Saint-Tropez où « mixait » le fils de leur ami, le puissant chef d'entreprise Bernard Arnault.

Elle a aussi, même si elle se garde de s'en vanter, un sens politique parfois plus aiguisé que celui de son mari. C'est elle qui le prévient très tôt de la trahison inévitable d'Édouard Balladur pour la présidentielle de 1995, alors que rien ne la laissait encore présager. C'est là, je trouve, qu'elle demeure une femme de l'ancienne génération, en se gardant bien de laisser filtrer les conseils qu'elle donne à son président de mari. Et ce n'est pas le plus mauvais aspect de ce monde d'avant que de préférer l'intérêt de la France incarnée par Jacques Chirac à « un quart d'heure de célébrité » personnelle.

Pour avoir fréquenté les hommes politiques de près, elle sait que l'appétit leur vient en mangeant. Il est logique pour elle que Balladur, devenu Premier ministre, se dise qu'au bout du compte il est mieux placé que ce « loser » de Chirac pour remporter la présidentielle.

Jacques Chirac et son amitié de trente ans, Bernadette n'y croit pas. Elle le dit, on ne l'écoute pas…

Et si elle est blessée et surprise par la défection de Nicolas Sarkozy, presque considéré comme un fils adoptif, elle sait garder la tête froide. Elle plaide auprès du président élu d'avoir pour Sarkozy la clémence d'Auguste pour Cinna dans la pièce de Corneille :

Et qu'enfin la clémence est la plus belle marque
Qui fasse à l'univers connaître un vrai monarque.

Mais Jacques Chirac, homme de passions, veut punir.

C'est pourtant Bernadette qui avait raison. Jacques Chirac laisse à la manœuvre son secrétaire général de l'Élysée, un certain Dominique de Villepin. Ce dernier est le chef d'orchestre de la catastrophique dissolution de 1997, faite pour punir les balladuriens de la majorité. Résultat : Jospin accède au pouvoir pour cinq ans.

Et, non sans esprit, Bernadette surnomme Villepin « Néron » autant pour sa mégalomanie que pour sa capacité à détruire Rome, et en l'occurrence le premier mandat de son mari.

À l'automne de sa vie, plus que jamais, Bernadette Chirac est une icône : elle incarne une émancipation de la femme qui n'a pas eu besoin du féminisme pour affirmer une autonomie et même un certain pouvoir, tout en restant fidèle à la foi de son enfance qui l'accompagne, toujours, au terme de son existence. Et, de toute manière, c'est seulement après la mort de son mari qu'elle a enfin dit sa vérité, une vérité qui a parfois pris des allures de vengeance posthume. Mais personne, même pas la très catholique Bernadette Chirac, n'est tenu à la sainteté.

Et me revient, à la fin de ce portait, cette phrase de Léon Bloy : « Il n'y a qu'une tristesse, c'est de ne pas être des saints. » Ou des saintes.

Édith Cresson ou Iphigénie à Matignon

Quelles sont au juste les intentions de François Mitterrand lorsqu'il nomme Édith Cresson Premier ministre, le 15 mai 1991 ? (Le féminin n'est pas encore d'actualité à l'époque.)

Premier ministre et même première Premier ministre... Notre président le plus florentin a toujours été compliqué à décrypter par ses proches et *a fortiori* par les journalistes et autres observateurs de la vie politique.

Ce qui n'était pas une surprise, c'était le changement de chef de gouvernement. François Mitterrand ne supportait plus Michel Rocard, parangon de cette deuxième gauche, qu'il avait nommé par obligation politique mais qu'il n'a eu de cesse de contrarier et d'humilier, comme si on lui avait imposé une nouvelle cohabitation. Malgré un bon bilan et une grande popularité, notamment après les accords de paix en Nouvelle-Calédonie, Michel Rocard est remercié.

Le premier désir de François Mitterrand, avec Édith Cresson, c'est de créer la surprise. Une femme à Matignon.

Une surprise comme en 1984, quand il avait nommé Laurent Fabius en donnant à la France son plus jeune Premier ministre de l'histoire (avant que Gabriel Attal ne vienne battre le record quarante ans plus tard).

Peut-être aussi que ce président fatigué, à un stade déjà avancé de la maladie, engagé dans la guerre du Golfe, a besoin de se reposer sur une fidèle parmi les fidèles. Une personne qui, en aucun cas, ne pensera à l'échéance suivante, c'est-à-dire la présidentielle de 1995 : en effet, dans les couloirs du gouvernement comme dans ceux de Solférino, le siège du PS, les éléphants et autres prétendants affûtent déjà les couteaux.

Et fidèle, Édith Cresson l'est.

Elle s'engage en politique dès 1953. C'est une enfant de la guerre, elle est née en 1934, connaît les rigueurs de l'Occupation, des internats insalubres. Sa famille évolue entre socialisme et gaullisme de gauche. C'est une brillante étudiante à HEC, où il y avait encore une section « Jeunes Filles ». Comme souvent dans cette génération engagée dans la gauche non communiste, la jeune Édith s'enflamme pour Pierre Mendès France. Puis, après son échec, elle va du côté de François Mitterrand et adhère dès 1965 à la Convention des institutions républicaines, l'ancêtre du PS, dont elle deviendra secrétaire nationale dès 1974.

C'est après plusieurs années de mandats en tant que maire, député et ministre, qu'elle est nommée à Matignon ; elle est débarquée onze mois plus tard, le 2 avril 1992, alors qu'elle est en visite chez Helmut Kohl, par un simple coup de téléphone de la secrétaire générale adjointe de l'Élysée, Anne Lauvergeon. Qu'on aime ou pas la personnalité d'Édith Cresson, la violence de la méthode et son inélégance ne peuvent que choquer. Il y a plusieurs sortes de goujaterie, et Édith Cresson en a connu beaucoup. Mais la pire est sans doute celle dont François Mitterrand fait preuve à son égard, car c'est la goujaterie d'un monarque qui ne songe même plus à mettre les formes. Son éviction était nécessaire politiquement, cela me semble une évidence, mais attendre pendant quelques heures son retour d'Allemagne pour le lui annoncer aurait été la moindre des choses. Cette petitesse ressemble aussi à de la peur, finalement. Comme si le président n'avait pas osé affronter les yeux dans les yeux la très éruptive Édith Cresson.

A-t-elle attribué la rapidité de son passage à un échec politique ou aux fronts multiples sur lesquels elle a dû se battre ?

Car il y en eut beaucoup, de ces fronts, beaucoup trop pour une seule femme et une femme seule. Même si, je pense, son tempérament a encore accru cette solitude.

Le premier front, c'est celui du sexisme. Cette accusation de sexisme, que l'on brandit aujourd'hui à tout bout de champ chez les néoféministes, dans le cas d'Édith Cresson, est pour le coup parfaitement légitime.

À sa nomination, le député UDF François d'Aubert déclare : « Là, vraiment, on est dans un système incroyablement monarchique. Regardez le parcours de madame Pompadour, regardez le parcours d'Edith Cresson, il y a un parallélisme certain[1]. » Comparer la Première ministre à une maîtresse de Louis XV n'est pas seulement de mauvais goût, c'est aussi une allusion assez perfide qui court depuis des années sur une éventuelle liaison avec le président de la République.

Édith Cresson réplique plus tard : « Je suis peut-être la favorite, mais la favorite de mes électeurs[2]. »

Mais ce n'est pas le pire.

À l'époque, l'émission phare de la satire politique à la télévision, c'est le « Bébête Show » de Stéphane Collaro et Jean Roucas. Ils font d'elle une panthère nymphomane surnommée « Amabotte », et les vannes les plus abjectes se succèdent pendant l'émission : « Toi, tu vas reboucher ton trou et fous-nous la paix » ; « Je m'ennuie, alors la greluche, je la viole » ; « Elle a un de ces petits pétards tout à fait charmants »...

Édith Cresson a pourtant un blindage solide. Elle avait déjà été nommée ministre de l'Agriculture en 1981. Encore une première puisque aucune femme n'avait jamais occupé ce poste très rugueux. Elle avait pu entendre de la part de la FNSEA, le puissant syndicat agricole, des propos comme : « Édith, on t'espère meilleure au lit qu'au ministère[3]. »

Encore une fois, même si elle a mené maladroitement une politique erratique, je ne vois pas, quelle que soit l'époque, ce qui peut justifier de tels propos.

Le deuxième front, c'est celui du parti socialiste lui-même. Comment a-t-elle pu oublier cette règle de base en politique : « Protégez-moi de mes amis, mes ennemis, je m'en charge. » J'en suis réduite à des hypothèses : A-t-elle surestimé l'autorité d'un Mitterrand en fin de règne sur son parti ? A-t-elle pensé que son titre de Premier ministre suffirait à mettre tout le monde au pas au PS ? Dans tous les cas, Édith Cresson s'est crue plus forte et plus protégée qu'elle ne l'était. Péché d'orgueil…

Au PS, en effet, trois hommes puissants n'ont pas vraiment apprécié de voir Édith Cresson leur voler une place qu'ils estimaient leur revenir de droit.

Lionel Jospin, d'abord, qui refuse un grand ministère social et reste à l'Éducation.

Laurent Fabius ensuite, président de l'Assemblée nationale, rival de Jospin, qui lui donne régulièrement des baisers de la mort en insistant sur une nécessaire solidarité avec elle, soulignant ainsi indirectement son manque d'autorité.

Pierre Bérégovoy, enfin, le ministre des Finances que les pronostiqueurs avaient donné favori pour succéder à Rocard. Il ne digère pas cette nomination, qu'il considère comme une erreur et une injustice à son égard. Édith Cresson a beau tenter de l'amadouer en élargissant ses attributions, Bérégovoy s'en sert au contraire pour mener contre elle ce qu'Élisabeth Schemla appellera plus tard « un coup d'État permanent[4] ». Au lieu d'exiger sa tête auprès du président, elle a subi. Je pense qu'elle a manqué, pour une fois, de culot. Qu'avait-elle à perdre à au moins tenter de ne pas être l'otage de ce Premier ministre *bis* ?

Sa nomination à Matignon, si elle devait être considérée comme un cadeau, aurait tout du cadeau empoisonné.

Jamais François Mitterrand ne lui a auparavant laissé entrevoir qu'il pensait à elle comme chef du gouvernement. Elle est la première surprise et elle n'est pas préparée.

Édith Cresson a souvent raconté qu'elle a d'abord refusé quand Mitterrand lui a dit pour la convaincre qu'il voulait une femme Premier ministre avant la fin de son second et dernier mandat. Elle est une des rares à avoir refusé, à avoir osé lui dire qu'il aurait fallu y penser plus tôt.

Mais on ne dit pas non à François Mitterrand, à cet homme avec qui on a partagé trente ans de combats et mené de grandes batailles. Ils ont tous les deux le sens de l'histoire. Elle a une occasion de la faire, elle ne va pas se dérober. Mais elle ne fait pas l'histoire, elle n'en a pas le temps. Ou plutôt, elle reste dans l'histoire comme une anecdote tragicomique de la Ve République : être la première femme nommée à Matignon et ne pas avoir tenu le choc. Je vois là, au bout du compte, une occasion ratée par Mitterrand, qui a montré sa pusillanimité, par Édith Cresson, qui s'est volontairement aveuglée sur la situation, par la gauche, qui a montré qu'elle n'avait aucune supériorité morale dans le traitement des femmes.

On l'a souvent accusée d'incompétence, je trouve qu'il serait plus juste de parler d'« impréparation ». Une impréparation, malgré tout, dont elle est responsable.

Et cette impréparation se sent dès son discours de politique générale. On critique la forme : un discours trop long, une voix trop aiguë à une époque où, contrairement à Margaret Thatcher par exemple, elle n'a pas eu de *spin doctors* pour pallier, grâce à des orthophonistes, cette caractéristique souvent féminine. Sur la forme, aussi, où elle est jugée trop abstraite.

Elle avait pourtant une certaine vision : elle a fait du Chevènement avant Chevènement, souhaitant une réindustrialisation réelle, une résistance dirigiste au libre-échange par plus de protectionnisme et de souveraineté.

Lui qui avait démissionné de son poste de ministre de la Défense pour protester contre l'engagement français aux côtés des Américains dans la guerre du Golfe, et qui vient de reconquérir son siège de député à Belfort, est d'ailleurs le seul à la soutenir sans arrière-pensée pendant cette période. Il veut « l'aider à bousculer toutes les conventions qui figent cette société ». Il estime qu'elle est « une femme très courageuse et anticonformiste » qui saura « bousculer tous les pots de fleurs »[5].

Cela est de peu de poids quand, outre la droite, c'est un fabiusien comme Claude Bartolone qui déclare tout en nuances : « On va dans le mur avec elle ! Elle est nulle ![6] »

Elle rend coup pour coup mais rien n'y fait.

Elle s'était promis de rester impassible, elle est blessée. Elle réplique, elle dérape à son tour. Quelques-unes de ses sorties sont restées mythiques, pour le meilleur et surtout pour le pire : les Japonais comparés à des fourmis, les Anglais tous homos, Pierre Bérégovoy traité d'« enflure », et son fameux « La Bourse, j'en ai rien à cirer » alors que les marchés jouaient contre elle. Cela a fait rire, ou faussement s'indigner, et devrait nous rappeler que la colère, et Édith Cresson était une grande coléreuse, est toujours mauvaise conseillère.

De cette expérience épouvantable, elle garde une certitude, celle d'une certaine misogynie propre à la classe politique française. Elle ne se plaint pas, elle constate, et si les choses se sont arrangées aujourd'hui, c'est que son passage à Matignon a aussi permis aux femmes et aux hommes politiques de faire leur examen de conscience et d'admettre qu'il ne faudrait plus jamais tolérer un tel comportement envers une femme politique.

Aujourd'hui nonagénaire, Édith Cresson a dû sourire en imaginant Élisabeth Borne les yeux braqués sur le calendrier, à se demander si, oui ou non, elle tiendrait plus longtemps que son unique prédécesseure à la fonction. Et peut-être, parfois, songe-t-elle au sacrifice de l'Iphigénie de Racine, en se souvenant de François Mitterrand comme d'un Agamemnon auquel elle aurait pu déclarer :

Ma vie est votre bien. Vous voulez le reprendre.
Vos ordres sans détour pouvaient se faire entendre.

Rachida Dati
ou l'art de rendre coup pour coup

En 2007, lorsque Nicolas Sarkozy est élu, le grand public découvre au gouvernement, une jeune quadragénaire inconnue nommée Rachida Dati. Elle est la nouvelle ministre de la Justice.

Belle, souriante et issue de l'immigration.

C'est une première.

On imagine à quel point la gauche a pu grincer des dents. Mais pourquoi ne pas y avoir pensé avant la droite ? Nicolas Sarkozy restera, de fait, que ça plaise ou non, celui qui a donné sa chance à une femme d'origine maghrébine pour un poste régalien.

Très vite, Rachida Dati révèle un tempérament, imprime sa marque et son style. Ses partisans voient en elle une battante qui met en œuvre, sans trembler, les réformes prévues dans le programme présidentiel.

On se dit, quand on constate l'état d'ensauvagement de notre pays près de vingt ans plus tard, qu'il est dommage qu'on se soit arrêté en aussi bon chemin.

Certaines mesures prises à cette époque font hurler l'opposition, notamment les peines planchers qui seront aussi applicables aux mineurs. Elle réaffirme la subordination du parquet au ministère, redécoupe la carte judiciaire en supprimant vingt-deux tribunaux de grande instance et n'hésite pas à déplacer les juges.

Elle fait voter également la rétention de sûreté.

C'est, hélas, la dernière fois que la justice a eu comme priorité l'intérêt des victimes.

Rachida Dati fascine.

Beaucoup la détestent, jusque dans son propre camp. Il est vrai qu'elle a la langue acérée, qu'elle n'hésite jamais à taper là où ça fait mal, y compris pour ses collègues de l'époque. À propos de Nathalie Kosciusko-Morizet, autre étoile montante de la sarkozie, elle déclare : « Humainement, je ne l'aime pas du tout. L'armoire de mon bureau a pour moi plus d'intérêt qu'elle[1]. »

Pour la sororité, comme dirait Sandrine Rousseau, on repassera. Pour la franchise, on applaudit, comme toujours avec Rachida Dati.

Plus tard, en 2017, elle dit de François Fillon, celui qui avait été son Premier ministre dix ans auparavant : « Parfois, il me donne le sentiment qu'il a commencé un marathon tout seul et qu'il n'a déjà plus de souffle[2]. » Il est vrai qu'elle ne s'est jamais entendue avec lui, dès l'époque où elle participait au gouvernement : elle le tient pour responsable de son éviction du gouvernement en 2009 et d'avoir été éloignée du Parlement européen.

Au point que certains ont cru pouvoir dire qu'elle n'était pas pour rien dans le « Pénélope Gate » et les costumes Arnys. Toujours est-il que c'est à ce propos qu'elle a déclaré, elle à qui on a si souvent reproché de s'habiller dans les boutiques de l'avenue Montaigne : « Fillon, on ne lui a pas reproché le luxe, on lui a reproché de ne pas avoir acheté lui-même. Moi, j'ai toujours assumé, si j'ai envie d'une belle chose, je travaille, je me l'achète, il n'y a pas de sujet[3]. »

François Fillon aurait dû avoir la prudence de D'Artagnan qui, en face de Milady, déclare dans *Les Trois Mousquetaires* : « Qui peut dire jusqu'où irait la vengeance d'une femme de cette trempe ? »

On a ainsi souvent fait le portrait d'une chipie ambitieuse, voire « ambitueuse », de peau de vache arriviste. Cela m'a toujours semblé un peu court. Je me souviens, à l'époque où elle était ministre, de la manière dont elle répondit aux socialistes, à l'Assemblée, à propos de l'affaire d'un mariage annulé à Lille pour non-virginité de l'épousée.

Pour la première fois, quelque chose avait craqué dans la parfaite machine de guerre, la voix n'était plus tout à fait la même, l'indignation non feinte, la posture même du corps était inédite. Rachida Dati était en colère. En elle remontaient de très anciennes blessures. Ce jour-là, elle cracha à ses adversaires ce qu'elle pensait vraiment d'eux : leur politique d'intégration était un échec évident, leurs discours angéliques sur les cités étaient objectivement responsables de la situation actuelle des jeunes filles d'origine arabe, de plus en plus voilées, de plus en plus soumises. On sentait poindre, dans ses propos, l'autobiographie d'une souffrance jamais tout à fait calmée.

Rachida Dati, pourtant, a toujours évité de mettre en avant ses origines, que ce soit pour s'en servir comme bouclier ou pour se donner une légitimité supplémentaire. Et pourtant, n'est-elle pas, à sa manière, l'illustration de ce courage propre à beaucoup de jeunes filles d'origine maghrébine qui, lorsqu'elles s'en tirent, ont dû faire preuve d'une énergie peu commune parce qu'elles sont pauvres, parce qu'elles sont filles, parce qu'elles évoluent dans une culture musulmane phallocrate et misent leur émancipation sur l'école ?

Ce n'est pas tout, les jeunes filles en question doivent souvent passer leur vie à se cacher : cacher qu'elles ont de jolies formes, cacher qu'elles savent employer des mots de plus de deux syllabes, cacher qu'elles lisent Balzac, ont envie de faire des études, cacher qu'elles en ont assez de subir les rodomontades des grands frères qui ne font rien à l'école mais sont les rois à la maison. Évidemment, pas toutes.

Elles doivent même accepter à l'occasion les fourches caudines d'un mariage presque forcé, ce qui sera le cas pour Rachida Dati elle-même entre 1992 et 1995. Certes, on n'a pas obligé la Rachida de vingt-sept ans, déjà engagée dans une carrière professionnelle entamée sous le patronage de Jean-Luc Lagardère puis de Jacques Attali, à retourner au pays pour y trouver un époux, mais elle a dû céder à la demande insistante, pesante, répétitive de sa famille pour pouvoir être tranquille. Avant de divorcer très vite.

À Rachida Dati, on a reproché ses foulards Hermès et d'avoir fait un bébé toute seule. Elle a dû supporter les sous-entendus d'un ministre des Sports, croyant drôle de dire qu'il n'était pas le père.

Alors, quand on croise une jeune femme qui ressemble à Rachida Dati et qui occupe un poste à responsabilité, on devrait se dire que, la plupart du temps, elle est une survivante des déterminismes sociaux, qu'elle a échappé à la fausse sollicitude de ces enseignants, de ces animateurs et autres éducateurs bien-pensants qui ont une façon de vous étreindre qui ressemble à un étranglement.

C'est pour cela que très tôt, à la manière de Rastignac, elle préfère fréquenter les hommes de pouvoir, les utiliser pour monter les échelons. N'est-ce pas ce que fait n'importe quel jeune loup, en politique ?

Aujourd'hui, dans sa citadelle du VIIe arrondissement où elle est maire depuis 2008, Rachida Dati mène au Conseil de Paris sa guerre personnelle contre Anne Hidalgo. Guerre peut-être personnelle, mais au nom de beaucoup. La maire de Paris, qu'on donnait pour archiperdante avant le Covid-19, a été réélue à la faveur de ces étranges municipales de 2020, placées sous le signe du virus avec trois mois entre les deux tours.

Rachida Dati est battue, contestée comme d'habitude au sein de son propre camp. Elle constate d'un œil à la fois amusé et agacé ces éternelles divisions de la droite parisienne qui pratique avec une virtuosité consommée l'art de se tirer une balle dans le pied depuis la fin de l'époque Chirac.

Prendre la mairie de Paris aux municipales de 2026, ce serait d'abord rendre un immense service aux Parisiens qui commencent, même parmi les plus fidèles, à trouver la gestion et les méthodes d'Anne Hidalgo plus proches de celles d'une impératrice romaine de la Décadence que de la sage et bienveillante administration d'une héritière de Sainte-Geneviève.

Rachida Dati, qui comprend tout et vite, a également saisi que la droite française est orpheline. C'est pour cela qu'elle a accepté, à la surprise générale, et d'abord celle de son propre camp, d'être ministre de la Culture dans le gouvernement de Gabriel Attal, sous Emmanuel Macron, lors du remaniement de janvier 2024.

On a hurlé à la trahison à droite, on a distillé un vrai mépris de classe chez la gauche bobo, moquant cette femme qui préférerait l'avenue Montaigne à Montaigne lui-même, comme l'a dit un de ces humoristes patentés du service public.

Comme d'habitude, elle s'en moque, et comme d'habitude, elle rend déjà coup pour coup, parlant cash, prouvant qu'elle est aussi capable qu'une autre à ce poste, et ne cachant même pas qu'elle a toujours bien l'intention, même exclue de LR, de conquérir enfin la mairie de Paris.

On n'arrête pas Rachida comme ça.

Carole Delga
ou la gauche cassoulet

Carole Delga est de gauche, socialiste, mais pas n'importe comment.

Elle est présidente de la région Occitanie. Au moment des accords de la Nupes pour les législatives de 2022, elle a vu le PS d'Olivier Faure – ou ce qu'il en restait après la calamiteuse campagne d'Anne Hidalgo – se soumettre à Jean-Luc Mélenchon.

Carole Delga a alors déclaré : « Dans cette Nupes, il y a des désaccords profonds, des omissions majeures ! Les signataires sont divisés sur les questions internationales, énergétiques, économiques, sur l'État de droit et la laïcité. Rien que ça ! C'est un manque de respect pour les Français[1]. »

À ce moment-là, elle n'était pas tout à fait inconnue des Français, justement, et elle était considérée au sein du PS comme une de ces grandes féodales qui tiennent une région comme on tient un bastion face aux assauts de l'ennemi.

Et, pour son propre parti comme pour LFI, le PCF et Europe Écologie, c'était un coup dur que sa prise de position à contre-courant, au moment où la gauche se remettait à y croire. Rendus euphoriques par le score de Mélenchon au premier tour et par l'idée de retrouver du poids à l'Assemblée, les alliés de Mélenchon étaient prêts à tous les renoncements.

Pas Carole Delga.

Mélenchon en était même à transformer ces élections législatives de 2022 en élection « primo-ministérielle » : en amenant la Nupes en première position, Mélenchon se voyait tout naturellement nommé à Matignon par Emmanuel Macron, alors qu'il n'était même pas candidat à la députation. Tout entier voué à cette espérance, sentant l'odeur du pouvoir, il a accompli en quelques jours ce qu'il s'était refusé à faire pendant des années : l'union de la gauche.

Mais une union à ses conditions à lui. Alternant les menaces et les caresses, il a obligé les principaux leaders, Fabien Roussel pour le PCF, Marine Tondelier pour les Verts et Faure pour le PS, à avaler toutes les couleuvres.

Mais Carole Delga peut se vanter d'avoir la première osé dire son fait à Mélenchon : « Je pense qu'en effet Jean-Luc Mélenchon n'est plus de gauche. Quand on est de gauche, on défend la République, on est contre le communautarisme[2]. »

Et cela, elle le dit avec cet accent du Sud-Ouest qu'elle assume parfaitement et qui n'est pas sans charme dans la bouche de cette brune piquante à la cinquantaine cinglante. Tant cet accent est plutôt associé à des élus radicaux en surpoids confortable qui aiment le confit de canard et les banquets républicains avec armagnac en digestif et vue sur les Pyrénées.

Mais d'où vient donc Carole Delga, pour avoir cet aplomb et ce courage politique visant à sauver l'honneur d'une gauche prête à se vautrer dans la démagogie wokiste ?

Il faut se référer à son nom de famille.

Carole Delga a grandi à Martres-Tolosane, en Haute-Garonne, dont elle est maire entre 2008 et 2014. Elle est d'origine espagnole et son histoire familiale est liée à la « Retirada » : « Je crois en tant que Pyrénéenne, et avec le nom que je porte, aux vertus de l'intégration républicaine, celle-là même qui a permis aux cinq cent mille Espagnols [de la Retirada] de trouver refuge en France voici quatre-vingts ans[3]. »

Si elle ne voit pas dans l'immigration l'origine de tous les maux de la France, elle est néanmoins sans tabou sur cette question. L'intégration et le mérite républicain vont pour elle de pair.

Cette socialiste de cœur, qui a fait carrière dans la fonction publique territoriale, aime à dire qu'elle n'est pas du sérail et qu'elle n'est pas passée par les grandes écoles. Elle est très tôt une militante de base, dévouée, qui se souvient qu'elle a été élevée dans un milieu modeste seulement par des femmes, une mère et une grand-mère adorées. C'est dans ce genre de milieu qu'on apprend aussi que l'on peut réussir sans les hommes.

Est-ce son ascendance espagnole qui en fait un temps une alliée de Manuel Valls, le Catalan héritier de la même douloureuse histoire de guerre civile ? Un Valls qui représente la droite du PS, c'est-à-dire un socialisme loin des dogmes, un socialisme qui refuse le laxisme sécuritaire.

Sans doute, mais cela ne suffit pas à Carole Delga pour le suivre quand il se rallie, dès le mois de mars 2017, à Emmanuel Macron, qu'il préfère à Benoît Hamon, pourtant désigné candidat officiel du PS à l'issue de la primaire.

Carole Delga aussi aurait pu passer avec armes et bagages comme tant de socialistes chez Emmanuel Macron. Elle préfère la voie étroite d'une fidélité au PS sans pour autant vouloir pour partenaires les « insoumis » : « Ne comptez pas sur moi pour trahir le parti et casser la maison. Soyons fidèles au vote de la primaire et à l'expression du vote du peuple de gauche[4]. »

Pas facile, mais c'est au prix de cette rigueur que cette femme souriante à la volonté de fer a pu en 2022 faire figure de candidate socialiste possible à la place d'Anne Hidalgo, qu'elle soutiendra avec honnêteté, dont elle sera la porte-parole, mais sans la moindre illusion.

« Il faut savoir désespérer jusqu'au bout. Un pas encore et nous serons les maîtres », écrit Roger Nimier dans *Le Grand d'Espagne.* Avec Hidalgo, Carole Delga a désespéré jusqu'au bout. Elle attend maintenant la suite, avec calme et détermination. Elle pense qu'en politique faire ce qu'on croit est encore le meilleur calcul.

On peut ainsi dans son camp lui faire tous les procès possibles en l'accusant de dérive droitière, elle demeure, sans peur et sans reproche, une vestale de la gauche républicaine qui garde le feu sacré de la vraie social-démocratie.

De fait, elle a été confrontée très concrètement à ce que Manuel Valls avait théorisé avec les deux gauches irréconciliables. Lors des élections régionales de 2021, sa liste doit affronter deux autres listes de gauche, les « insoumis » et les Verts. Pour sa part, elle a su rassembler autour d'elle ses alliés traditionnels du PCF, des radicaux de gauche ainsi que des écologistes en rupture avec EELV.

Là, le clivage des deux gauches, républicaine contre communautariste, joue à plein. À la fin, elle est la présidente de région la mieux élue de France avec 58 % des voix, et est saluée très sportivement par Laurent Wauquiez qui, en Rhône-Alpes, avait pour sa part réuni… 55 %.

La clé de ce succès ?

Une capacité de séduction et une énergie qui vont bien au-delà de son camp. Qui la voit avec ses robes aux couleurs vives au milieu des costumes sombres des notables ne peut être que séduit, comme fut séduit André Deljarry, président de la Chambre de commerce et d'industrie de l'Hérault : « Je suis de droite, mais j'ai voté pour elle. »

Elle a su aussi faire oublier ou effacer dans cette région le souvenir des poids lourds du socialisme comme Jean Glavany ou Georges Frêche, le Falstaff de Montpellier.

Parfois, en souriant, on appelle désormais l'Occitanie le « Delgaland » : six millions d'habitants et soixante-treize mille kilomètres carrés, « la taille d'un pays », aime-t-elle à dire. Et elle n'hésite pas à mettre en avant ce qu'elle appelle, non sans une ironie attendrie, « la gauche cassoulet », à mille lieues de « la gauche caviar ou de celle qui vend des salades[5] ».

Une femme en politique qui a du caractère et le sens de la formule tout autant que le sens politique, voilà de quoi faire peur à ceux qui préféreraient un Jean-Luc Mélenchon à la tête de l'État.

Elle peut aussi se prévaloir d'une expérience ministérielle sous François Hollande, quand elle a eu le portefeuille du Commerce et de l'Artisanat. Là aussi, elle a joué la carte du terroir avec des décrets instaurant des labels d'« artisan-cuisinier » ou de « fait maison » pour la restauration.

Des détails ? Pas pour le quotidien de ses concitoyens, comme lorsqu'elle défend le projet d'autoroute entre Castres et Toulouse, ce qui révulse écolos, néoruraux et apprentis zadistes.

On murmure, dans le Landerneau de la politique, que Carole Delga consulte beaucoup et qu'il y a eu beaucoup d'intervenants comme Jacques Attali, déçu du macronisme, lors de sa traditionnelle rentrée politique de 2023, à Bram, entre Carcassonne et Castelnaudary, dans l'Aude.

La prochaine présidentielle ?

Quelque chose me dit que Carole Delga y pense sûrement, et pas seulement en se coiffant. Un risque cependant demeure : qu'elle soit une Hidalgo *bis*. Non pas pour la gestion calamiteuse, l'arrogance, voire la méchanceté. Mais en faisant un score présidentiel semblable à celui de la maire de Paris. Car je crois qu'elle sous-estime le désamour des Français pour la gauche en général, et le PS en particulier.

Marie-France Garaud ou Machiavel en tailleur Chanel

Il me semble difficile, dans cette galerie de portraits de femmes politiques, de faire l'impasse sur Marie-France Garaud. Certes, elle ne rappelle que peu de choses aux moins de cinquante ans, voire aux moins de soixante.

Et pourtant, cette femme née en 1934 a été une figure à la fois influente et secrète de la France des années 1960 et 1970, qui a façonné nombre de destins. Elle a aussi contribué, en son temps, à saisir des lignes de force qui fracturent encore aujourd'hui, près d'un demi-siècle plus tard, notre paysage politique. Notamment le rapport de la France à l'Europe, ou à ce qu'on n'appelait pas encore la mondialisation mais qui était déjà en germe.

Son importance est ainsi inversement proportionnelle à sa visibilité.

Ceux qui s'en souviennent gardent d'elle l'image d'une femme invariablement et impeccablement vêtue d'un tailleur Chanel et coiffée d'un imposant chignon noir comme le jais qui lui donnait une allure d'aristocrate espagnole. Mais, à de rares exceptions près, comme une candidature à l'élection présidentielle de 1981 et une mandature de députée européenne en 1999 sur la liste souverainiste du RPF ressuscité par Charles Pasqua et Philippe de Villiers, elle a toujours préféré l'ombre.

Aurait-elle d'ailleurs, cette femme qui n'avait pas eu besoin du féminisme pour s'imposer dans un monde encore exclusivement masculin, accepté qu'on mette un *e* à « député » ? Non, malgré une étrange amitié avec Simone Veil qui était son exact envers politique, ardente partisane du droit des femmes et convaincue que l'avenir de la France passait par Bruxelles.

Et pourtant cette amitié a existé.

Lors de la panthéonisation de Simone Veil en 2018, Marie-France Garaud a laissé un témoignage sans ambiguïté, qui nous éclaire également sur le rôle des femmes en politique au cours des années 1960 : « Simone était ma plus vieille amie. Je l'ai connue en 1962. [...] Je l'accompagnais souvent lorsqu'elle partait visiter les prisons. Nous avions une conscience aiguë de la surprise et de la curiosité – pour ne pas dire plus – que suscitait notre venue dans cet univers d'hommes parfois enfermés derrière les barreaux depuis des années. Nous étions soucieuses de ne pas les provoquer par une tenue inconvenante ou inappropriée. Nous voulions être respectables et respectées. [...] Simone était profondément centriste, moi j'étais plus à droite ; cela n'avait aucune influence sur notre amitié. Nous n'étions pas d'accord sur l'IVG, par exemple. Simone plaidait pour une autorisation totale, générale et globale. J'étais plus réservée. Mais nous n'étions jamais en rivalité[1]. »

Respectable et respectée, Marie-France Garaud l'a été. Mais, à la différence de Simone Veil, elle a aussi été crainte et même redoutée.

Les deux dernières fois que Marie-Garaud a fait parler d'elle, ce fut en 2017 et en 2020. En 2017, dans les pages politiques, et en 2020, hélas, à la rubrique des faits divers, après une disparition soudaine de son château de Saint-Pompain vers 23 heures, un dimanche de juin. Elle prend sa voiture, sans papier, sans argent. On la retrouve quelques heures plus tard, au matin, visiblement égarée, marchant le long de la route. « La vieillesse est un naufrage », disait déjà l'homme qu'elle admira le plus, au point d'avoir toujours eu dans son bureau la photo de son exil irlandais en 1969 : le général de Gaulle.

En 2017, alors qu'elle a encore toute sa lucidité, elle exprime publiquement son intention de voter au second tour de la présidentielle pour Marine Le Pen. L'entretien qu'elle donne alors au *Figaro* résume d'une certaine manière les obsessions politiques qui guidèrent toute sa vie : l'indépendance de la France et la méfiance, pour ne pas dire plus, vis-à-vis de l'Allemagne.

Cette prise de position étonne, voire choque.

Après tout, qui connaît Marie-France Garaud sait que son nom est indéfectiblement attaché au gaullisme. Et qui connaît les piliers sur lesquels Jean-Marie Le Pen a fondé le Front national sait que ce sont l'anticommunisme mais aussi l'antigaullisme. Mais il faut croire que la vieille dame, d'une part, avait compris que la fille n'était pas, ou plus, le père, et d'autre part, que les lignes avaient bougé.

Il n'y avait plus, pour elle, de force gaulliste réellement constituée dans la droite française classique. Au *Figaro*, elle répond ainsi : « Je n'ai jamais rencontré Marine Le Pen. Nous avons échangé, jeudi, par téléphone. Aujourd'hui, elle est la seule candidate qui n'est pas pieds et poings liés devant les Allemands. Manifestement, elle est la seule à avoir le tempérament pour rétablir la souveraineté de la France. Elle a, je crois, le sens de l'État au point de préserver notre nation[2]. »

Et elle n'hésite pas à parler du candidat Emmanuel Macron en des termes qui montrent qu'elle n'est pas un seul instant sensible à l'espèce d'enthousiasme que suscite alors celui qui sera bientôt le plus jeune président de la Ve République : « J'ai le sentiment que M. Emmanuel Macron n'a ni amour-propre ni lucidité. Il étale ses faiblesses avec un extraordinaire masochisme. Il a un petit côté chien battu. Il ne respecte pas la France et il est même en train de détruire le support de son existence politique. [...] Il faut sortir de là le plus rapidement possible, quel qu'en soit le coût, car mieux vaut la liberté que l'esclavage[3]. »

Le vocabulaire peut paraître hyperbolique, mais Marie-France Garaud appartient à une génération qui sait que la politique relève, à un moment ou à un autre, du tragique. Or, le tragique dans la société du spectacle n'est plus vraiment pris en compte. C'est une des raisons qui m'ont poussée à évoquer son souvenir dans cette galerie de portraits : ce sens du tragique de l'histoire. Elle est plus que jamais tragique, notre histoire, entre submersion migratoire et guerres au cœur de l'Europe. Mais nulle part ou presque, je n'entends les politiques prendre la mesure des défis, ou s'ils la prennent, c'est à la manière de gestionnaires. La voix des gestionnaires ne porte pas bien loin. C'est pour cela que celle de Marie-France Garaud manque.

Ce que révèle aussi cet ultime entretien, c'est chez elle l'idée que la politique est une affaire d'incarnation et que s'il faut rester fidèle à ses idées, il faut aussi savoir évaluer les caractères, les tempéraments de ceux qu'on sert.

Car Marie-France Garaud a eu la passion de servir.

La France, d'abord, et ceux qu'elle a estimés dignes de ce pays. Cela n'exclut pas le machiavélisme, à condition de bien comprendre Machiavel, qui n'est pas un monstre de cynisme, comme voudraient le faire croire les clichés habituels. Au contraire, la finalité de Machiavel est d'assurer en politique la stabilité et l'ordre sans lesquels aucune justice n'est possible : « Comme les hommes sont tous méchants, et toujours prêts à manquer à leur parole, le Prince ne doit pas se piquer d'être plus fidèle à la sienne. Le point est de bien jouer son rôle », écrit-il dans *Le Prince.*

Ce pessimisme actif est aussi celui de Marie-France Garaud. Et manifestement, en 2017, pour elle, Emmanuel Macron sera incapable de jouer le sien, de rôle.

Ce n'est pas à nous de dire ici, sept ans après, si la prophétie de Marie-France Garaud s'est révélée juste, mais

Macron ne sera que le dernier d'une longue liste d'hommes politiques qu'elle a su mépriser avec un cruel talent.

Marie-France Garaud, sans vraiment s'en rendre compte, a inventé un métier que d'autres, plus tard, appelleront *spin doctor*, comme si c'était une spécialité anglo-saxonne.

Après des études de droit à Poitiers, Marie France Garaud est appelée à Paris par un de ses anciens professeurs d'université, Jean Foyer, devenu ministre de la Coopération. On est en 1961. La jeune avocate poitevine, comme un héros balzacien, monte à Paris et découvre les coulisses du pouvoir. Mais elle ne connaîtra pas les illusions perdues. Elle fait merveille auprès de Jean Foyer comme attachée parlementaire puis comme membre de son cabinet. Elle le suit quand il devient ministre de la Justice.

Après la démission de De Gaulle et l'élection de Pompidou, elle entre comme conseillère à l'Élysée. C'est Pierre Juillet qui a convaincu le nouveau président de la finesse politique de cette femme et, d'ailleurs, il lui confie comme mission de ramener les centristes dans le giron de la majorité gaulliste. C'est un peu comme demander au loup de mettre en confiance les agneaux.

Mais elle y réussit très bien et malgré sa discrétion, celle qui œuvre dans les couloirs de la République, qui se fait la spécialiste des apartés dans l'embrasure des fenêtres avec des parlementaires susceptibles d'être « retournés », comme on dit dans les services secrets, n'échappe pas autant qu'elle le voudrait à la lumière. Dans son numéro du 10 décembre 1973, *Newsweek* la qualifiait de « *most powerful woman of France* ». On a également pu la voir en une de *Paris Match* (janvier 1974) ; un montage la place entre Pierre Juillet et Édouard Balladur, tous trois surplombant l'Élysée, sous le titre « Comment Pompidou gouverne ».

Le côté « Richelieu en jupons », comme la nomment deux journalistes en 1975, fascine.

Pendant l'interminable agonie de Pompidou, elle convainc les cénacles gaullistes de barrer la route à Chaban-Delmas, trop à gauche, et de choisir Chirac qu'elle appelle son « petit poussin » dans ses mémoires. Cette mère de deux garçons n'a pourtant pas la fibre maternelle en politique. Jacques Chirac est chargé de torpiller la candidature de Chaban-Delmas en organisant le ralliement de plusieurs dizaines de parlementaires gaullistes à la candidature de Giscard.

Là encore, avec Pierre Juillet, elle donne l'exemple d'un machiavélisme qui veut que la fin justifie les moyens avec un coup de billard à plusieurs bandes. Car Giscard, c'est l'ennemi, le centriste, l'Européen. Mais en lui mettant Chirac dans les pattes comme Premier ministre, on met Giscard sous pression, voire on le contrôle.

Elle pousse très loin l'art de l'invisibilité, disparaît de l'organigramme de Matignon, mais c'est elle qui organise la démission de Jacques Chirac en 1976 et impulse la création du RPR, un parti gaulliste rénové.

Mais « le petit poussin » la déçoit. Pas assez pur dans le gaullisme, pas assez épris de la nation malgré son appel de Cochin contre « le parti de l'étranger ». Pas assez anticommuniste, non plus. Marie-France Garaud, et là aussi je lui trouve quelque chose de profondément séduisant, ne supporte pas qu'on la déçoive. Elle est éprise de tragique, on l'a dit, mais aussi de grandeur. Les deux vont de pair. Elle est comme le roi Ferrante dans *La Reine morte* de Montherlant et, comme lui, elle aurait pu avoir cette réplique que j'adore : « Allez, allez, en prison ! En prison pour médiocrité ! »

Elle aura les mots les plus violents qu'on puisse imaginer sur Chirac. Des mots qui trahissent presque une déception de femme amoureuse : « Je croyais que Chirac était du marbre dont on fait les statues. En réalité, il est de la faïence dont on fait les bidets. »

En 1979, elle quitte les entourages politiques, passe de l'autre côté du miroir, et en 1981, se présente à la présidentielle. On raconte qu'elle a récolté ses cinq cents parrainages grâce à François Mitterrand qui a donné des consignes aux élus PS. Ce serait une candidature qui retirerait des voix à la droite.

La manipulatrice a-t-elle été manipulée ?

En plus, elle n'est pas la seule à se présenter comme gardienne du temple gaulliste. Michel Debré, lui aussi, porte une candidature de témoignage. Le résultat : moins de quatre cent mille voix…

Elle prendra par la suite la tête de différents combats souverainistes, comme au moment du référendum de Maastricht et du Traité constitutionnel européen (TCE), mais sa voix compte moins, ne porte plus comme avant.

Et c'est, dès le début des années 2010, l'automne de la patriarche qui aimait la France. Une France qu'elle ne voulait pas voir sortir de l'histoire. Et pourtant, il me semble parfois que nous en sortons, de l'histoire, que nous nous en effaçons.

Par médiocrité, comme disait le roi Ferrante ?

Élisabeth Guigou
ou l'Europe au cœur

Élisabeth Guigou, née Vallier, a marqué l'ère Jospin de sa voix douce et de sa beauté de matin calme. Elle a fait partie de ces femmes dont la silhouette est devenue familière aux Français, au moment de la *dream team* de Lionel Jospin qui gagne les législatives de 1997. L'appellation, d'origine médiatique, a surtout été due à la maladresse stratégique de Villepin et de Chirac lors de la dissolution surprise de la même année et à une conjoncture économique et sociale favorable. Élisabeth Guigou, comme d'autres, en a profité. Comment lui en vouloir ? La chance, en politique, joue son rôle.

Une génération de femmes occupe alors des postes de premier plan. Martine Aubry à l'Emploi et la Solidarité, Ségolène Royal à l'Enseignement scolaire, Dominique Voynet à l'Aménagement de territoire et l'Environnement, Catherine Trautmann à la Culture et la Communication, la communiste Marie-George Buffet à la Jeunesse et aux Sports, et bien sûr Élisabeth Guigou comme garde des Sceaux et ministre de la Justice.

Mais sa carrière avait commencé bien avant cette divine surprise de 1997 où elle fut la première femme à la tête d'un ministère régalien.

Il faut revenir aux origines. Celles d'Élisabeth Guigou ne manquent pas d'intérêt.

En 1946, elle naît à Marrakech et son père est un petit industriel de l'agroalimentaire qui se reconvertira en horticulteur dans le sud de la France. Élisabeth poursuit ses études au lycée à Montpellier. Déjà coexistent en elle une allure sage, froide et lisse, qui lui vaudra plus tard le surnom de « poupée glacée », et un certain goût de l'aventure qu'elle fera s'épanouir dans la politique. C'est une première de la classe mais qui a lu tout Agatha Christie en anglais avant douze ans.

Il y a pires lectures pour une future femme politique : l'univers policé de la romancière anglaise, on le sait, cache, pour qui sait lire, une cruauté et une désillusion sur la nature humaine. On y tue avec un mélange de sophistication et de machiavélisme dans des intrigues à tiroirs. Agatha Christie, comme manuel métaphorique de survie dans les couloirs du pouvoir, pourquoi pas ?

On a du mal à imaginer, quand les Français la découvrent à l'époque avec ses tailleurs-pantalons et ses sages carrés blonds, qu'elle a eu avant 1968 sa période beatnik.

En témoignent des photos d'elle en robe à fleurs et à la longue chevelure bouclée. Mais surtout un mémoire de maîtrise sur Jack Kerouac, à l'université de Montpellier. Elle imitera même l'auteur de *Sur la route* en partant quelques mois avec son mari, Jean-Louis Guigou, rencontré à vingt ans, prof de fac agrégé d'économie déjà engagé en politique auprès de Michel Rocard. C'est l'époque où elle connaît par cœur les chansons de Dylan et de Joan Baez en roulant dans un Combi Volkswagen.

Elle est un parfait exemple de ce que l'essayiste canadien François Ricard a appelé, dans un livre célèbre, « la génération lyrique[1] ». Elle est une de ces jeunes baby-boomeuses auxquelles les Trente Glorieuses ont tout accordé. Une génération portée par un rêve de jeunesse éternelle, d'insouciance et du désir de changer le monde coûte que coûte. Quand on vous dit qu'Élisabeth Guigou a eu de la chance

Certes, au début, pour cette fille d'agriculteur, les choses sont malgré tout plus complexes. Son milieu ne l'a pas forcément préparée aux études supérieures. Elle est mal acceptée à Sciences Po Aix-en-Provence, ses origines ne jouent pas pour elle, et elle doit repasser trois fois l'ENA avant d'être reçue. C'est une transfuge de classe, certes, mais dans une époque où le fameux ascenseur social n'est pas en panne. Imagine-t-on ascension aussi facile dans la France bloquée de 2024 ? Je ne veux rien lui retirer de ses mérites, mais là encore, l'époque lui a donné sa chance.

Jeune adhérente au nouveau PSU de Rocard, ce parti qui rêvait d'être une passerelle entre la vieille SFIO et le parti communiste, elle s'ennuie dans les interminables débats entre les différentes tendances. En 1969, c'est la candidature de Mitterrand qu'elle soutient. Quelque chose l'attire chez celui qui est aussi un authentique aventurier et qui réussit à mettre de Gaulle en ballottage. Avec Élisabeth Guigou, il faut toujours revenir à cette dualité entre son apparente sagesse et son désir de transformer une carrière politique en destin, en combat.

Après l'élection de François Mitterrand, elle fait carrière dans l'administration du Trésor, et ses compétences la font nommer directrice du cabinet du directeur du Trésor. Elle devient conseillère auprès de Jacques Delors, le ministre de l'Économie qui encourage le tournant de la rigueur de 1983 et l'orientation libérale d'une politique qui commencera à marquer une rupture avec le peuple de gauche.

Elle n'y voit pas de contradictions avec ses rêves de jeune fille : elle cherche juste peut-être à se mentir à elle-même, à se persuader qu'il ne s'agira que d'une parenthèse. Elle veut penser sur le temps long. Le temps, l'apprentissage du temps comme principal allié, c'est la leçon qu'elle retient de Mitterrand. L'important, c'est de durer.

La conseillère, qui est aussi une spécialiste des affaires européennes, devient ministre en 1990 et le reste sous trois chefs de gouvernement : Rocard, Cresson – qui la surnomme « poupée Barbie » – et Pierre Bérégovoy.

Après la déroute législative de 1993, elle rebondit comme députée européenne aux élections de 1994 sur la liste dirigée par Michel Rocard. Tout à la haine de son ancien Premier ministre, Mitterrand, isolé dans son palais, malade, trouve encore l'énergie de pousser une autre liste de gauche qui, dirigée par Bernard Tapie, fait 12 %. Juste deux points derrière Rocard dont le score calamiteux signe la mort politique.

Élisabeth Guigou n'apprécie pas la manœuvre. Si elle ne le dit pas, elle ne citera plus très souvent Mitterrand comme une référence dans la suite de sa carrière. En 1997, elle est élue députée du Vaucluse, là où, comme toutes les élites socialistes, elle a sa résidence secondaire dans le Luberon : on la voit à l'occasion jouer à la pétanque en robe blanche.

Elle croit à cette nouvelle ère avec Jospin Premier ministre, qui réclame un droit d'inventaire sur les années Mitterrand, choquant les anciens barons du président socialiste disparu.

Pendant son passage comme garde des Sceaux, avant de prendre l'Emploi et la Solidarité en 2000, car elle est devenue une pièce maîtresse du dispositif jospiniste, Élisabeth Guigou tisse aussi ses réseaux dans les cercles patronaux. Elle a compris que la gauche ne doit plus faire peur au monde de l'argent. L'ancienne beatnik préfère maintenant le Medef à Kerouac. Elle crée aussi un lobby féministe, Femmes d'Europe : pour elle, déjà, la gauche sera plus sociétale que sociale. Et en 2001, elle échoue à prendre la mairie d'Avignon.

Mais, aujourd'hui, son féminisme paraîtrait bien timide à la nouvelle génération woke. Élisabeth Guigou a le féminisme littéraire, elle est une lectrice attentive de Simone de Beauvoir et de Virginia Woolf. Ses modèles politiques sur la question, elle les cherche du côté de Gisèle Halimi et de Simone Veil plutôt que de Judith Butler.

Et si elle a été victime du machisme, elle préfère en parler une fois pour toutes : « Si on n'en parle pas, c'est le syndrome des femmes violées. Le lot commun des femmes politiques, ce sont les attaques sexuelles. Si j'avais été un garçon, j'aurais eu moins de problèmes. Mais il ne faut rien concéder[2]. »

Rien de victimaire, chez elle, plutôt le désir de poser le problème froidement. D'ailleurs, cette grande lectrice a souvent traité Mme Bovary « d'idiote » plus que de victime.

Elle soutient par loyauté socialiste Benoît Hamon à la présidentielle de 2017. La même année, elle est battue aux législatives dès le premier tour après vingt ans à l'Assemblée, obligée de laisser se dérouler sans elle un duel LFI/LREM.

Élisabeth Guigou ne se reconnaît plus, à partir de ce moment, dans cette gauche mutante et woke. Elle indique son soutien à Macron, et même s'il ne lui donne rien, elle fera part cinq ans plus tard de son désir de le voir réélu.

Elle a cette élégance de comprendre qu'elle est désormais perçue comme une femme du monde d'avant. Elle ne cherche qu'à se rendre utile. Et Macron l'utilise dans sa campagne de 2022 pour aller sonder le monde de la justice qu'elle connaît bien.

On peut ne pas être d'accord avec elle, elle fait malgré tout partie de ces femmes politiques restées fidèles à ses convictions européennes, et elle l'affirme encore clairement en janvier 2024 lors d'une tribune publiée en hommage à Jacques Delors, le premier homme politique avec lequel elle avait collaboré.

En quelque sorte, la boucle est bouclée.

Anne Hidalgo
ou comment éteindre la Ville lumière

Un sondage de 2021 montre que 18 % des visiteurs jugent négativement la capitale et estiment que Paris est une ville « horrible[1] ». La saleté de Paris et sa circulation impossible, devenues proverbiales, excèdent de plus en plus. On pourrait consoler Anne Hidalgo en lui disant que ces critiques ne datent pas d'hier. Boileau, dans ses *Satires* célèbres, parle déjà des « embarras » de Paris.

Mais Anne Hidalgo, née au cœur de l'Andalousie, dans la banlieue de Cadix, d'une famille de la classe ouvrière qui émigre en France en 1962, alors qu'elle n'a pas quatre ans, est-elle du genre à avoir besoin d'être consolée ?

Elle a une incontestable allure, voire un certain charme latin, et donne une impression d'assurance. Ses détracteurs parlent plutôt de fière arrogance. Il y a chez elle une forme d'impassibilité qui semble la mettre à distance du commun des mortels et dresser entre elle et le reste du monde une sorte de bouclier invisible.

Rien des attaques qu'elle subit de toutes parts, parfois féroces et presque toujours, hélas, justifiées, ne semble l'atteindre vraiment.

La question de la saleté de Paris n'est pas anodine parce que Paris, la Ville lumière, attire des millions de touristes souvent effarés. Ces critiques sont d'autant plus gênantes que Paris organise les JO 2024.

Cette déception brutale face à la réalité de Paris est l'inverse de ce qu'on appelle le « syndrome de Stendhal », quand la découverte du lieu dépasse toutes les espérances et provoque un effondrement nerveux à l'idée qu'on ne pourra jamais en épuiser la beauté. Le syndrome de Paris, qu'on pourrait aussi appeler le « syndrome Hidalgo », lui, c'est le contraire. Il est particulièrement présent chez les Japonais, ces amoureux de la propreté, comme en témoigne Eriko Nakamura, ancienne présentatrice vedette au Japon, qui vit dans la capitale : « Paris, pour les Japonais, est un mélange entre la publicité *Chanel n° 5*, *Amélie Poulain* et les photos en noir et blanc de Robert Doisneau. En quelques heures, nous passons donc d'un Paris de carte postale aux couloirs sales de Roissy et à la mauvaise humeur d'un chauffeur de taxi. » Et Eriko Nakamura de conclure : « Personne ne fantasme autant sur Paris qu'un Japonais. Et personne n'est plus choqué par Paris qu'un Japonais[2]. »

Mais plus besoin d'être japonais, désormais, pour être choqué par cette tiers-mondisation rampante. Je n'aime pas hurler avec les loups, je me flatte même de tenter de comprendre. L'empathie pour moi est une valeur cardinale. J'ai aimé travailler avec la maire de Paris pour mon association de familles monoparentales. Mais je dois bien avouer que c'est une mission difficile que de ne pas s'arrêter sur certaines interrogations.

La saleté de Paris, niée par les équipes de la capitale, avec Anne Hidalgo qui a déclaré que c'était d'abord aux Parisiens « de se prendre en charge » sur cette question, n'est que la partie émergée de l'iceberg sur lequel le vaisseau de Paris déchire sa coque.

La devise de Paris – *Fluctuat nec mergitur* (« [elle] est battu[e] par les flots mais ne sombre pas ») – n'est plus à l'ordre du jour : après deux élections d'Anne Hidalgo, Paris n'est plus une fête, c'est un naufrage.

À la tête d'un conseil municipal de gauche, où l'on trouve des communistes et des écologistes de l'aile la plus radicale, Paris est devenue la proie de la gentrification la plus effrénée. Quel paradoxe !

On ferme chaque année des écoles faute d'élèves. Malheur à la ville dont le prince est un enfant, oui, mais malheur encore plus grand dans la ville où il n'y a plus d'enfants…

Qui a encore les moyens de vivre à Paris et de profiter de cette ville qui a tant fait rêver ? Paris est désormais un spectacle festiviste permanent. Anne Hidalgo et son équipe envisagent de plus en plus Paris comme un parc à thèmes woke à l'usage des riches touristes étrangers et des minorités LGBT.

C'est à Paris que le « Cyber-Gédéon » et la « Tur-Bobécassine[3] », comme les appelait le mathématicien

Gilles Châtelet, trouvent leur plus belle expression. Ils ont beaucoup d'argent sur leur compte, des idées progressistes en bandoulière et règnent sans partage sur les pistes cyclables, à vélo ou à trottinette. Ce n'est pas moi qui caricature la réalité, hélas, c'est la réalité qui est devenue caricaturale.

Anne Hidalgo est apparue dans le sillage de Bertrand Delanoë qui, élu en 2001 à Paris, avait permis, avec Gérard Collomb à Lyon, de masquer la déroute catastrophique de la gauche aux élections municipales.

À l'époque, elle est envoyée en mission au cœur du XVe arrondissement, solidement tenu par René Galy-Dejean qui a mis Édouard Balladur sur sa liste. L'ancienne inspectrice du travail doit se contenter de la deuxième place. Cela ne l'empêche pas de siéger au Conseil de Paris. Elle est encore une inconnue, à vrai dire, même si elle a derrière elle une carrière bien remplie puisqu'elle a travaillé au ministère du Travail, puis au BIT à Genève.

Quand Lionel Jospin arrive au pouvoir en 1997, deux grandes dames du socialisme font appel aux compétences d'Hidalgo.

D'abord, Martine Aubry, chargée des 35 heures, la prend dans son cabinet, avant qu'elle ne passe chez Marylise Lebranchu, ministre de la Justice, comme chargée de mission pour s'occuper du statut social des fonctionnaires.

Les raisons de ce choix ? L'appartenance de ces trois femmes à la CFDT, en théorie plus ouverte à la négociation et au compromis.

On ne peut pas dire, depuis, que ces valeurs soient restées à Anne Hidalgo. Que ce soit avec l'opposition au Conseil de Paris et à Rachida Dati, avec Valérie Pécresse, présidente de la région Île-de-France, et même avec Macron, Anne Hidalgo ne connaît que le rapport de force.

Y compris contre sa propre majorité dont elle doit calmer les ardeurs, parfois difficilement. À la suite du scandale Matzneff, au printemps 2020, Anne Hidalgo sacrifie Christophe Girard, son adjoint à la Culture mais aussi proche conseiller, accusé d'avoir payé des chambres d'hôtels et des déjeuners à l'auteur pédophile des années plus tôt. Girard est attaqué par la conseillère écologiste Alice Coffin, une ultra féministe, autrice du *Génie lesbien*, qui organise une manif devant la mairie de Paris qualifiée de « Pedoland ». Anne Hidalgo ne tremble pas et retire à Coffin et à son acolyte Raphaëlle Rémy-Leleu leurs délégations tout en les excluant de la majorité.

Mais cette fermeté révèle à quel point la mairie est devenue, selon les mauvaises langues et les détracteurs d'Anne Hidalgo, une citadelle LGBT. Et elle est, comme le docteur Frankenstein, en face d'un monstre qu'elle a créé de toutes pièces et qui a tendance à lui échapper.

Ce n'est pas encore le cas en 2001 quand Bertrand Delanoë, nouveau maire de Paris, en fait une première adjointe chargée de l'Égalité homme-femmes. Les mauvaises langues, toujours elles, disent qu'elle a été nommée là parce que Delanoë avait promis la parité à tous les niveaux.

À l'occasion d'un drame – l'attentat au couteau contre le maire de Paris, lors d'une de ces fameuses « Nuits blanches », par un individu qui a déclaré n'aimer ni les hommes politiques ni les homosexuels[4] – elle occupe l'intérim et devient une figure plus connue.

Son parcours électoral n'est néanmoins pas jonché de roses (un comble pour une socialiste !). Elle est battue sèchement aux législatives de 2002 dès le premier tour par Édouard Balladur. Elle devient toutefois conseillère régionale d'Île-de-France en 2004.

Et c'est encore à des élections régionales, celles de 2010, alors qu'elle conduit la liste parisienne qui lui sert de test pour mesurer sa popularité municipale, qu'elle a une autre déconvenue. Elle arrive en deuxième position au premier tour, derrière la droite et à quelques centaines de voix devant les écologistes.

Si elle gagne confortablement le second, elle sait déjà, avant même de briguer la mairie de Paris, qu'elle ne pourra se passer de cet allié encombrant et déconnecté des préoccupations populaires que sont les Verts.

En 2014, Bertrand Delanoë ayant tenu sa promesse de se limiter à deux mandats, Anne Hidalgo gagne contre Nathalie Kosciusko-Morizet, qui fait une bonne campagne. Mais surtout, très symboliquement, elle est élue maire de Paris sans être maire de l'arrondissement où elle se présente toujours, le XVe, qui reste obstinément à droite.

Première femme maire de Paris, donc.

Mais qui aura contribué, aussi bien qu'un homme, à dévaluer la parole politique.

Ainsi, Anne Hidalgo avait promis de ne jamais recourir aux hausses d'impôt. En 2023, elle matraque par surprise les contribuables : elle augmente de 52 % la taxe foncière. Depuis 2014, la dette de la capitale a doublé et elle continue d'embaucher des fonctionnaires avec un statut particulièrement privilégié (même pas l'obligation des 35 heures[5]).

Les socialistes, vraiment désemparés pour en arriver là, lui ont demandé de se présenter à l'élection présidentielle de 2022. Si Anne Hidalgo n'a pas osé dire qu'elle voulait faire pour la France ce qu'elle avait fait pour Paris, elle est tellement identifiée à sa politique municipale que c'est revenu au même : 1,7 % des voix.

Le score le plus bas jamais connu pour le parti socialiste au niveau national, toutes élections confondues…

Cela lui laisse-t-il la légitimité pour rester à l'Hôtel de Ville ? Elle a estimé que oui.

Mais l'avenir ne s'annonce pas forcément très rose. Elle a toujours en face d'elle Rachida Dati, sa meilleure ennemie, qui s'y connaît aussi en coups tordus. Anne Hidalgo est trop fine mouche pour ne pas comprendre que l'arrivée de Rachida Dati au ministère de la Culture lors du remaniement de 2024 est aussi le signe qu'un deal a été passé entre les macronistes et la droite parisienne…

Anne Hidalgo commence, sans doute, à comprendre que l'étau se resserre de plus en plus. Mais elle a déjoué tous les pronostics après son échec annoncé lors des précédentes municipales. Alors… qui sait ?

Nathalie Kosciusko-Morizet ou « Je préférerais ne pas »

Depuis 2018, Nathalie Kosciusko-Morizet a disparu de la vie politique et pourtant, dans les sondages concernant les femmes politiques préférées des Français, elle est toujours présente.

Paradoxe ? Peut-être pas. Cette femme est tellement brillante qu'elle réussit encore à briller par son absence.

Il est difficile d'oublier un tel charme, un tel magnétisme, dont parlent tous ceux qui l'ont approchée. Elle a, comme certains disent, la beauté de l'intelligence et l'intelligence de la beauté. Sa chevelure rousse savamment décoiffée, sa carnation de porcelaine anglaise, son regard vert, sa minceur de roseau flexible font irrésistiblement penser à ces peintures préraphaélites de Burne-Jones ou de Dante Gabriel Rossetti que l'on peut voir à la Tate Gallery et qui célébrèrent à la fin du XIXe siècle, sur le modèle des peintres de la Renaissance, un certain type de beauté féminine, hésitant entre l'éthéré et le charnel.

Si j'insiste sur le physique, chose que l'on reproche souvent aux journalistes quand il s'agit de parler des femmes, c'est que NKM dans sa génération a su incarner, littéralement « donner chair », à une certaine idéologie qui a triomphé avec le macronisme mais, ironie du sort, qui a triomphé sans elle.

Cela consiste en un dépassement du clivage droite-gauche au nom d'un gouvernement des meilleurs de chaque camp. Il s'agit de conjuguer des positions très avancées sur les questions sociétales et sur l'écologie avec une vision libérale de l'économie.

Finalement, NKM a été l'archétype de la bobo, qu'on croyait le monopole de la gauche et qu'on n'imaginait pas voir apparaître au cœur de la sarkozie dès 2007.

Elle a occupé des responsabilités gouvernementales pendant tout le quinquennat sous les différents gouvernements Fillon : secrétaire d'État chargée de l'Écologie, dans le sillage de Jean-Louis Borloo, secrétaire d'État au Numérique et enfin ministre de plein droit toujours à l'Écologie mais avec un portefeuille enrichi par les Transports et le Logement.

En 2012, à la fin du mandat de Nicolas Sarkozy, elle est un poids lourd de la droite.

Poids lourd de la droite ?

Sauf qu'elle est de gauche. Elle n'hésite pas, par exemple, à attaquer violemment La Manif pour tous : « Derrière La Manif pour tous, il y a une vision très asymétrique des relations homme-femme qui me heurte, dans laquelle il y a une assignation à résidence en termes de rôle, de mission. Je défends vigoureusement le modèle français, dans lequel vous pouvez à la fois travailler et avoir des enfants[1]. »

Outre son positionnement atypique au sein de son propre camp, ce qui plaît toujours à l'opinion qui aime les *mavericks*, comme disent les Anglo-Saxons pour désigner ces chevaux qui s'isolent du groupe mais continuent de le suivre à distance, c'est aussi qu'elle est une femme de terrain qui ne répugne pas au combat électoral.

C'est une chose assez rare chez les « technos » et les grosses têtes.

Elle a déployé toute son intelligence après la défaite de Sarkozy afin de contrôler un LR bâti sur les ruines de l'UMP et d'en devenir la numéro deux pour éviter la droitisation. Elle a su conquérir la mairie de Longjumeau tout en étant ministre, et elle ne l'abandonnera que pour tenter de prendre Paris en 2014, ne devant sa défaite qu'aux divisions suicidaires de la droite. Autrefois sa meilleure amie, Rachida Dati ne lui a pas pardonné de l'avoir battue aux primaires de l'UMP pour une candidature unique à la mairie et devient, durant cette campagne, sa meilleure… ennemie !

La politique, et en particulier la politique municipale, de toute manière, c'est une tradition familiale chez les Kosciusko-Morizet. Son père, François Kosciusko-Morizet, a été maire de Sèvres de 1995 à 2014. Son grand-père, Jacques Kosciusko-Morizet, ambassadeur de France aux États-Unis, fut maire de Saint-Nom-la-Bretèche de 1977 à 1994. Tandis que son arrière-grand-père, André Morizet, membre fondateur du parti communiste français et journaliste pour *L'Humanité*, fut maire socialiste de Boulogne-Billancourt au moment du Front populaire.

Bon sang ne saurait mentir…

En plus, NKM, polytechnicienne, sœur du fondateur de PriceMinister, ne répugne pas à troquer le tailleur contre le blouson de cuir et à garder la clope au bec, tapant la discute avec des SDF, comme l'avait montré *Paris Match* lors d'un reportage sur la campagne municipale de Paris.

Pure opération de com ? Oui, mais pas seulement. Il y a bien un côté rock chez NKM : sa passion musicale est née à dix-huit ans avec Janis Joplin. Au lycée Louis-le-Grand, elle découvre les Beatles et les Stones, dont le « (I Can't Get No) Satisfaction » pourrait résumer sa propre carrière politique.

Elle écoute en boucle « Sunny Afternoon » des Kinks, les dandys de la pop anglaise, et est devenue fan d'Amy Winehouse dès la première écoute de « Rehab ». Elle a confié d'ailleurs un jour que si elle n'avait pas fait de politique, elle aurait rêvé d'avoir la voix de Janis Joplin et la longévité de Mick Jagger.

C'est pour cela qu'il ne faut pas, avec un tel tempérament, lier l'abandon de la politique par NKM à la peur ou à un caprice. Comme lorsqu'elle fut agressée sur un marché du Ve arrondissement alors qu'elle menait une campagne difficile lors des législatives de 2017 et que les dissidences à droite se multipliaient, provoquant sa défaite contre Gilles Le Gendre, un des futurs barons de la macronie.

Non, cet abandon est en fait devenu presque logique l'année précédente quand, candidate aux primaires de la droite, elle est sèchement battue dès le premier tour avec un humiliant 2,6 % des voix militantes.

Elle en tire déjà les conclusions : ce parti baptisé UMP puis LR où elle a joué les premiers rôles s'est radicalisé. Même la synthèse de Sarkozy entre le social et l'autorité n'est plus de saison, car lui aussi est battu au premier tour.

Elle se rallie en désespoir de cause à un Juppé qui sait déjà qu'il a perdu face à François Fillon, soutenu par cette frange de la droite « Manif pour tous » qu'elle déteste.

Y croit-elle vraiment quand, de manière très étonnante, François Fillon l'intègre dans son équipe de campagne pour s'occuper d'une cellule de riposte chargée… de retenir les électeurs républicains tentés de voter pour Emmanuel Macron ?

Je pense que non, qu'elle savait qu'elle jouait le rôle de caution « progressiste » dans un projet essentiellement conservateur.

C'est pour cela qu'entre absurdité, petits calculs et manœuvres de couloir, en 2018, elle fait savoir qu'elle abandonne la politique par un tweet réduit à sa plus simple expression : « Nouveaux horizons » suivi d'un émoji avec un clin d'œil. Elle n'a alors que quarante-quatre ans et abandonne son dernier mandat au Conseil de Paris.

Elle rejoint dès le mois de février la première entreprise de services du numérique en France, Capgemini. C'est l'entreprise elle-même qui annonce ce recrutement de prestige, « Nathalie Kosciusko-Morizet est une spécialiste reconnue de l'économie numérique, et renoue, en prenant ces fonctions, avec sa formation d'ingénieur », avec le titre de « patronne de l'activité Projet & Consulting de la division Cloud Infrastructure et cybersécurité du groupe aux États-Unis[2] ».

C'est peut-être moins exaltant que présidente de la République, ce qui fut à un moment donné son ambition explicite, mais rien ne dit que ça ne donne pas plus de pouvoir et de liberté.

Je m'interroge d'ailleurs sur cette désaffection pour la politique de la part de nombreuses personnalités qui n'hésitent plus à la quitter, comme si le pouvoir ou l'épanouissement étaient ailleurs.

La dernière fois que le nom de Nathalie Kosciusko-Morizet a été évoqué dans la presse, c'est quand Emmanuel Macron, en 2020, après avoir congédié Édouard Philippe, s'est retrouvé confronté au vide : tant de prétendants et si peu de personnalités de valeur. Il s'est alors souvenu de la polytechnicienne.

Il l'a appelée pour lui proposer Matignon.

Elle a un peu hésité, et finalement lui a fait la fameuse réponse du Bartleby de Melville : « Je préférerais ne pas. »

Christine Lagarde
ou « la seule femme dans la pièce »

« L'argent est le fumier dans lequel pousse l'humanité de demain », écrit Émile Zola dans son roman *L'Argent*, qui raconte la montée en puissance de la spéculation financière sous le second Empire.

Pourtant, l'argent est ce qui permet à l'humanité d'assurer le progrès matériel mais aussi la démocratie et la paix, grâce au « doux commerce » cher à Montesquieu.

La haine de l'argent, c'est souvent le ressentiment de ne pas en avoir que l'on trouve dans une certaine gauche dont le sport favori est la chasse aux riches.

C'est ce que pense Christine Lagarde puisqu'elle a pu être plusieurs fois ministre de Nicolas Sarkozy, très bien s'entendre avec François Hollande au Fonds monétaire international (FMI), et recevoir le blanc-seing d'Emmanuel Macron pour prendre la tête de la Banque centrale européenne (BCE), Emmanuel Macron qui pense souvent à elle quand il cherche une Première ministre qui pourrait rassurer le monde entier par sa rigueur, sa compétence, son sang-froid.

Aujourd'hui, Christine Lagarde est une des femmes les plus influentes d'une planète mondialisée qui vit dans une spéculation permanente : les échanges se font d'un continent à l'autre à la vitesse folle des algorithmes dans des salles des marchés de Tokyo, de Paris ou de New York, ces lieux où l'on vit dans un présent perpétuel qui fait et défait la fortune des individus et des nations en quelques nanosecondes.

Plutôt que de déplorer les ravages de la Bête, Christine Lagarde a décidé de les anticiper et de chevaucher le tigre.

Cela demande du calme et de la détermination.

Christine Lagarde en a fait preuve à chacun des postes qu'elle a occupés, d'abord au commerce extérieur en 2005 et en tant que ministre de l'Agriculture et de la Pêche en 2009, ensuite au ministère de l'Économie de 2007 à 2011, puis à la tête du Fonds monétaire international entre 2011 et 2019, et enfin comme présidente de la BCE depuis 2019.

Elle a affronté, à chaque fois en grande argentière gardant son sang-froid, la crise des *subprimes* de 2008, celles de la zone euro et de la dette grecque dans les années 2010-2015, et enfin les répercussions sur l'économie mondiale provoquée par un ennemi imprévu : le Covid-19.

Qui peut, aujourd'hui, en France, hommes et femmes confondus, se prévaloir de tels états de service ?

Loin des petites phrases, des clashs sur les réseaux sociaux, de ceux qui sur les plateaux exercent surtout le ministère de la parole, Christine Lagarde a agi pour empêcher l'effondrement du système. « La stabilité des marchés ne devrait pas faire l'objet d'un tweet par-ci ou d'un tweet par-là. Cela exige de la considération, de la réflexion, du calme, des décisions mesurées et rationnelles[1] », a-t-elle notamment déclaré en 2016 à propos de la politique erratique de Donald Trump.

Et il est vrai qu'on a échappé à plusieurs reprises au pire, en grande partie grâce à elle, qui a su prendre des décisions en pleine tempête. Elle n'a pas hésité à bousculer les économistes libéraux en ouvrant les vannes de la BCE au moment de la pandémie.

Elle nous a sauvés d'une récession terrible qui aurait pu découler des confinements à répétition, de la chute vertigineuse de la production des pays industrialisés, du chaos humanitaire dans les pays émergents. Le « quoi qu'il en coûte » d'Emmanuel Macron n'aurait en effet pas forcément été possible dans de telles proportions sans le feu vert de Christine Lagarde.

Non seulement cette femme refuse de se laisser coller une étiquette politique, mais elle refuse aussi les dogmes économiques. Si un mot devait la résumer, ce serait « pragmatisme ». Paradoxalement, on a souvent expliqué que les femmes, au pouvoir comme dans la vie quotidienne, fonctionnaient à l'affect.

Christine Lagarde n'est pas faite de ce métal-là. Elle essaie avant tout de dépassionner les choses et, osons le mot, de calmer les comportements hystériques si fréquents chez des décideurs confrontés à des risques majeurs.

Ce fut le cas au moment de la crise grecque quand le pays, après des années d'incurie financière, s'est retrouvé au bord de la cessation de paiement. Alors que la gauche radicale, avec Tsipras et Varoufakis, arrivait au pouvoir en janvier 2015 à Athènes et refusait les plans d'austérité qui étaient pourtant le seul moyen de rester dans la zone euro, Christine Lagarde a, en ces jours d'incertitude, sauvé la monnaie unique.

La Grèce, mise sous tutelle, était littéralement occupée par la troïka qui envoyait ses fonctionnaires dans chaque ministère grec pour surveiller les dépenses. La troïka, c'était le FMI alors dirigé par Christine Lagarde, la Banque centrale européenne régie par l'Italien Mario Draghi, et la Commission européenne gouvernée par le luxembourgeois Jean-Claude Juncker.

Mais, de fait, l'ombre qui planait sur cette affaire, c'était celle de l'Allemagne, excédée par le laisser-aller des Grecs et leur refus des mémorandums envoyés par la troïka. Angela Merkel n'avait pas de mots assez durs, tout comme son ministre des Finances, Wolfgang Schäuble, qui parlait des Grecs dans des termes insultants.

C'est Christine Lagarde qui va apaiser les passions lors des nombreuses réunions de la troïka, où les deux dirigeants grecs faisaient figure d'accusés, et où Merkel et Schäuble menaçaient même des pays comme l'Italie et la France de connaître le sort de la Grèce s'ils ne suivaient pas la ligne allemande : ou les Grecs payaient, ou ils sortaient de la zone euro.

Christine Lagarde est parvenue à calmer leurs ardeurs tout en convainquant Tsipras de se soumettre, moyennant quelques adoucissements.

Pour ceux qui voudraient se convaincre de la violence feutrée mais réelle de cette histoire et des conséquences dramatiques qu'elle aurait pu avoir, on conseille le film *Adults in the Room* de Costa-Gavras, qui montre ce rôle modérateur et apaisant de Christine Lagarde jouée par l'actrice Josiane Pinson.

Devenir de son vivant un personnage de fiction, voilà qui n'arrive qu'aux plus grandes.

Christine Lagarde n'était pas forcément destinée à ce rôle historique. Fille d'une professeure agrégée enseignant au Havre, où elle a passé son enfance, elle est née en 1956 et a passé son adolescence dans cette ville qui était encore communiste, entièrement détruite en 1944 après les bombardements américains.

Au Havre, le ciel et la mer font comme un dôme salé, tantôt gris, tantôt bleu au-dessus des avenues qui se coupent à angles droits, bordées d'immeubles bâtis par l'architecte Auguste Perret.

Est-ce là qu'elle a pris la mesure des violences de l'histoire et a décidé de tout faire pour empêcher qu'elles ne se reproduisent ?

Cette jeune fille, qui a été une admiratrice de la championne de natation Esther Williams et a pratiqué elle-même à haut niveau la natation synchronisée au point d'obtenir une médaille de bronze en équipe de France, a d'abord été une juriste, spécialisée au sein de grands cabinets dans le droit social.

Sa parfaite maîtrise de l'anglais a vite fait d'elle une familière du monde anglo-saxon. Et les élites économiques, qui sont longtemps restées un monde d'hommes, plus encore que dans la politique, l'ont accueillie avec une certaine fascination.

Cette femme à la silhouette sportive, à l'impeccable crinière blanche qui marque plus l'expérience que l'âge, a été décrite comme la sauveuse de l'Europe au moment de la crise chypriote de 2013 par la journaliste du *Time*, Vivienne Walt : « Elle était toujours la seule femme dans la pièce : une grande silhouette aux cheveux argent parmi des bureaucrates aux costumes gris[2]. »

Christine Lagarde, pour l'instant, demeure toujours « la seule femme dans la pièce ».

Mais justement, quelque chose me gêne dans cet itinéraire parfait ou presque. Je dis « presque » parce qu'elle a été mise en cause lorsqu'elle a fait partie du tribunal arbitral exonérant Bernard Tapie dans son conflit avec le Crédit lyonnais, tribunal arbitral dont les décisions furent annulées par la suite. Christine Lagarde fut jugée pour « négligence » dans l'attribution des quatre cent cinq millions d'euros d'argent public à l'homme d'affaires. Elle espérait la relaxe mais elle a été déclarée coupable par la Cour de justice de la République en 2016, mais dispensée de peine. Cette négligence est bien la preuve que cette femme brillante évolue dans des sphères bien loin des pauvres mortels que nous sommes. Pourtant, elle a pris au niveau international des décisions qui ont profondément influé sur le quotidien de nos concitoyens. Sans, à vrai dire, devoir rendre des comptes. Car les seuls comptes qu'on peut rendre en politique, c'est en se présentant devant des électeurs. Et elle est la seule femme de cette galerie de portraits à ne l'avoir jamais fait. Même Marie-France Garaud, conseillère de l'ombre, a été candidate à la présidentielle et députée européenne. Même Bernadette Chirac a été élue conseillère départementale.

Une telle attitude, à mon avis, signifie juste qu'elle a contribué à la déconnexion du peuple et des élites, à donner le sentiment aux citoyens que les décisions se prennent sans eux. Et même l'intelligence et la compétence ne devraient pas dispenser une femme politique d'aller chercher des voix sur un marché, car c'est dans les urnes que se trouve la seule légitimité qui vaille, en démocratie…

Arlette Laguiller ou la bonne copine trotskiste

La France a une particularité politique, ce sont ses cinquante nuances de trotskisme. On ne compte pas moins de trois partis se réclamant de cette obédience. Ils réussissent l'exploit étonnant, avec quelques militants motivés, en toute discrétion, de récolter les cinq cents parrainages nécessaires alors que des candidats qui pèsent infiniment plus dans l'opinion, comme Marine Le Pen, ont parfois des difficultés à atteindre ce chiffre.

À deux reprises, en 2002 et 2007, les trois formations réussissent à présenter un candidat. L'autre particularité, c'est que ces partis trotskistes, quand ils décident de jouer le jeu électoral, savent choisir des figures sympathiques, loin de l'image austère de militants barbus, d'un sérieux glacial et glaçant.

Ainsi, en 2007, il y eut pour le Parti des travailleurs Gérard Schivardi, maire d'une commune rurale qui joua la carte du bon sens terrien. Pour le Nouveau Parti anticapitaliste (NPA), ce fut Olivier Besancenot, le facteur au visage poupin, et enfin, pour Lutte ouvrière, notre insubmersible Arlette Laguiller nationale.

À cette élection présidentielle, Arlette Laguiller avait un avantage certain : elle faisait partie du paysage depuis... 1974 !

C'était sa sixième candidature.

C'est aussi la dernière. C'est elle-même qui annonce, dès le début de sa campagne, qu'elle passera le relais pour la fois suivante à une jeune femme qui lui ressemble, Nathalie Arthaud, brune, cheveux courts, mince, voire ascétique.

Une étrange impression de clonage, puisqu'en 2012, 2017 et 2022, Nathalie Arthaud a tenu le même langage que celui d'Arlette Laguiller. Chez les candidates de LO, c'est comme dans « Le Sud » de Nino Ferrer, « le temps dure longtemps ».

À ce jour, de surcroît, Arlette Laguiller est restée la recordwoman de l'épreuve ! Et elle restera aussi dans l'histoire comme la première femme à s'être présentée à une élection présidentielle.

Les années ont passé sur elle sans vraiment qu'elle ne change d'allure, grisonnant peut-être un peu. Tous les sept ans puis tous les cinq ans, elle revenait, avec son mythique et inévitable : « Travailleuses, travailleurs ! » Elle faisait partie d'un folkore, presque d'un patrimoine. On avait l'impression, à chaque fois qu'on la voyait, que le temps était resté bloqué aux années 1970. Je dirais qu'elle était un peu à la politique ce que Michel Drucker ou le regretté Jean-Pierre Pernaut sont à la télévision. Un rendez-vous intergénérationnel, une institution qui nous donnait l'impression de ne pas vieillir, que tout resterait comme avant, ce qui est un comble, si on y pense, quand on parle d'une révolutionnaire !

Ce « Travailleuses, travailleurs », elle le prononce la première fois à la télévision devant des millions de Français, et pas seulement des militants de LO, en mai 1974. Elle a alors trente-quatre ans, un corsage vert pomme typique de ces années-là, et une scansion hachée, offensive, qui donne l'impression d'une harangue indignée, presque au bord des larmes.

Ses premiers mots, lors de cette allocution, frappent par leur brutalité, mais une brutalité adoucie par ce visage de femme qui a l'apparence de celles que les Français peuvent croiser tous les jours dans le métro ou sur un marché : « La société, messieurs les politiciens, n'est pas encore sortie de la barbarie[1]. »

Ces propos évitent à Arlette Laguiller qu'on mette en question ses propres idées communistes, car Arlette Laguiller est communiste, trotskiste certes, mais communiste. Les trotskistes, toutes tendances confondues, aiment à se présenter comme des victimes du stalinisme représenté en France par le PCF. Et ils jouent sur le fait que si Trotski avait été aux commandes en URSS, le communisme ne serait pas discrédité à ce point.

Cette idée douteuse pour les spécialistes d'un communisme « vierge » des horreurs de l'histoire explique, outre la personnalité d'Arlette, les scores étonnants qu'elle a pu faire parfois.

À deux reprises, en 1995 et en 2002, elle dépasse les 5 % aux présidentielles et rembourse ses frais de campagne.

Mieux, en 2002, si on ajoute le score de Besancenot, c'est presque 10 % du corps électoral qui vote pour cette extrême gauche radicale !

Parce qu'il ne faut pas oublier que LO est une gauche radicale. Interdiction des licenciements, réquisition des usines, expropriation de la grande bourgeoisie ou levée du secret bancaire, voilà ce que seraient les premières mesures prises si une candidate LO arrivait au pouvoir.

On sent chez Arlette, au nom d'une réaction presque épidermique contre les inégalités, le désir de faire table rase du passé et de ceux censés le représenter : les riches et les patrons. Et de le faire de gré ou de force.

Arlette Laguiller n'est d'ailleurs que le visage présentable d'une organisation qu'on a pu comparer à une secte. Arlette Laguiller n'est pas la « cheffe » de LO. Elle en est la porte-parole. Nuance.

Le chef a été, jusqu'à sa mort en 2009, Robert Barcia, alias « Hardy », travaillant dans le milieu pharmaceutique et paramédical. Arlette Laguiller, finalement, est réduite, voire instrumentalisée, au visage médiatique d'un système partisan inquiétant.

L'engagement à LO, comme militante, doit être total. Des heures de formation et une vie privée contrôlée. Pour monter dans la hiérarchie, il vaut mieux ne pas avoir d'enfant, car la vie de famille distrait de la révolution.

Quand on l'interroge sur cet aspect des choses, Arlette Laguiller botte en touche, déclare ne pas avoir eu d'enfants « par choix » et ajoute : « Personnellement, je n'ai jamais eu envie de me marier, on peut être amoureuse sans se marier, chacun vit comme il veut. C'est sûr qu'avoir une vie de famille avec des enfants, c'est un peu un frein pour militer, à moins d'être riche, d'avoir des bonnes ou des nounous, mais, dans ce cas-là, il y a peu de chances que vous militiez à LO.[2] » On mesure la violence symbolique d'un tel engagement implicite pour une femme, ou un homme d'ailleurs. Et qu'on ne fasse pas de comparaison avec la religion, ce qui vient trop souvent quand on parle des militants de Lutte ouvrière. L'enfant n'a jamais été vu comme un handicap pour l'accomplissement du chrétien. Seuls les religieux sont soumis à la règle de la chasteté, mais pour eux, l'enfant reste une bénédiction et leur chasteté n'est pas un sacrifice mais un don.

Forcément, une telle longévité a permis que l'on connaisse pas mal de choses sur la vie d'Arlette Laguiller.

On a fini par la considérer comme une de ces vieilles tantes qui viennent à ces repas de famille grandeur nature que sont les élections. D'autant plus qu'elle s'est révélée être une bonne cliente pour les médias.

On sait ainsi qu'elle est née en mars 1940, qu'elle connaît l'exode bébé, que son père fait prisonnier est rapatrié sanitaire en 1942. Ancien agent d'assurances, il perd son emploi, devient manœuvre, est souvent malade ou au chômage. C'est une enfance pauvre, aux Lilas, où elle est toujours restée et où elle a été élue municipale.

Elle est l'aînée de trois enfants.

Enfant, elle lit beaucoup, grâce à son père qui a une sensibilité anarchiste. La bonne élève entre au Crédit lyonnais en 1956, avec son certificat d'études, à seize ans. Elle aurait pu y croiser à cette époque un tout jeune homme, Claude Moine, le futur Eddy Mitchell !

Les seules vacances qu'elle connaît, c'est grâce au curé de la cité, car sa mère est restée croyante et lui a fait faire sa première communion. Elle est permanente syndicale dès 1967. Elle est de toutes les luttes, marquée par la guerre d'Algérie. Elle est une des meneuses de la grande grève des banques en 1974.

Sympathique, sincère, Arlette Laguiller a même eu en 1993 les honneurs d'une chanson d'Alain Souchon :

Quand Arlette chante, c'est de la verdure
Sur un monde difficile, dur
Les paroles, bien sûr, ont un peu d'usure
Mais elle chante avec un air pur
[…]

Les belles idées passent comme les starlettes
Et, dans l'impasse, il nous reste Arlette
Quand Arlette chante, on sent du vrai amour
Quand les autres font de faux discours.

C'est gentil, c'est naïf, c'est charmant.

Il n'empêche que la vieille dame aujourd'hui retraitée, qui milite toujours en écrivant dans le journal de Lutte ouvrière, est une révolutionnaire pure et dure à la colère intacte.

Cela peut inspirer un certain respect, cette fureur douce contre les injustices.

Cela peut aussi interpeller.

Marine Le Pen ou le dépassement du père

Marine Le Pen, c'est d'abord une voix. Une voix reconnaissable entre toutes. Une voix qui, de son propre aveu, a été une chance depuis le début de son entrée en politique. Certains la qualifient de « voix de fumeuse », ce qu'a été Marine Le Pen. D'autres, de « chanteuse de blues ».

Ce qui est certain, comme tous les spécialistes et les communicants s'accordent à le penser, c'est que cette voix est un atout quand il s'agit d'empoigner la salle comble d'un meeting ou de répondre à des journalistes dans une émission politique qui a tôt fait de se muer en tribunal médiatique.

Chez la plupart de ses concurrentes femmes, la voix est au contraire un handicap, ainsi que le remarquait, non sans agacement, la chercheuse Marlène Coulomb-Gully dans *Le Monde* : « Je suis frappée par la propension à dénigrer des voix qui seraient trop stridentes, trop criardes ou à l'inverse pas assez audibles. Avec les voix des femmes, c'est toujours "trop" ou "trop peu", comme si elles-mêmes étaient toujours "de trop". Est-il meilleure façon de leur signifier qu'elles n'ont pas leur place dans l'ordre du discours ?[1] »

Cette place dans l'ordre du discours, Marine Le Pen n'a pas eu de mal à la trouver. Elle a été la seule femme chef de parti en France, et c'est un cauchemar pour les féministes. Imaginez un peu : on se plaint de l'invisibilisation des femmes en politique et le seul contre-exemple, c'est Marine Le Pen, ex-présidente du Rassemblement national et présente à deux reprises au second tour d'une présidentielle, battant ainsi Ségolène Royal qui n'y parvint qu'une fois.

Bien sûr, ce serait un peu court d'attribuer uniquement cela à sa voix comme le fait, encore elle, Marlène Coulomb-Gully. « La voix de Marine Le Pen joue en effet sur deux tableaux, mêlant le masculin et le féminin. Un atout pour un parti qui a toujours manqué de femmes dans son électorat et parmi ses cadres. Mais qui, en même temps, ne déconcerte pas les purs et durs du parti, car son côté masculin correspond à l'image très virile du Front national[2]. »

On voit ici tous les clichés que l'on peut trouver dans la doxa progressiste, teintée de mauvaise foi contradictoire. Le Rassemblement national manquerait de femmes, mais c'est une femme qui est à sa tête. En plus, la parité dans le groupe des quatre-vingt-huit députés à l'Assemblée nationale est devant celle des LR, des communistes et même de Renaissance.

On pourrait aussi renvoyer Marine Le Pen à quelques clichés psychanalytiques sur le meurtre du père. Elle exclut en 2015 Jean-Marie Le Pen du mouvement qu'il avait lui-même fondé. Était-ce une erreur ? Marine Le Pen a pourtant très bien su débrouiller cette équation compliquée qui consiste, en politique comme ailleurs, à être « la fille de ». À l'époque, revenaient chez les journalistes, presque tous hostiles, des questions récurrentes sur les rapports qu'elle entretenait avec son père. Sa réponse, c'était de le désigner, dans ces entretiens, en l'appelant « Jean-Marie Le Pen » et jamais « mon père » ou « papa ». Elle distinguait ainsi, habilement, le champ politique du champ de l'intime.

Et pourtant, l'histoire familiale est compliquée, et parfois douloureuse. Marine est revenue plusieurs fois sur la difficulté de porter un tel nom. À l'école, par exemple, entre moqueries des camarades ou remarques de certains enseignants, elle a souffert. Est-ce pour cela qu'elle garde jalousement loin des projecteurs ses trois enfants ? Elle refuse de parler d'eux et encore moins de s'en servir comme argument électoral, avec une pudeur peu fréquente dans le milieu de ceux qui font profession de conquérir le pouvoir.

Elle a de surcroît très tôt – trop tôt – appris les dangers et la violence qui entouraient la vie de son père. Au début du mois de novembre 1976, alors qu'elle a à peine neuf ans, une explosion d'origine criminelle ravage en pleine nuit l'immeuble parisien où vit sa famille.

Elle n'est que légèrement blessée par quelques éclats de verre : « Il a fallu cette nuit d'horreur pour que je découvre que mon père faisait de la politique. Et c'est là, à l'âge des poupées, que je prends conscience de cette chose terrible et incompréhensible pour moi : mon père n'est pas traité à l'égal des autres, nous ne sommes pas traités à l'égal des autres », explique-t-elle dans son autobiographie, *À contre flots*, publiée en 2011 aux éditions Grancher.

Elle n'était pas, et c'est le plus ironique, désignée par le patriarche comme l'héritière en politique parmi les trois filles dont elle est la benjamine. Le Front national, dans l'esprit de Jean-Marie Le Pen, devait revenir à l'aînée, Marie-Caroline. Cette conception dynastique est contrariée par l'histoire turbulente du FN. En 1998, Bruno Mégret, le numéro deux, tente un putsch contre le « Menhir ». Pendant quelques mois, y compris lors des élections européennes de 1999, le Front national se déchire.

Nombre de cadres et d'élus rejoignent Mégret, et la scission s'invite jusque dans la famille, alors réunie dans la propriété de Montretout, à Saint-Cloud, où se trouve aussi le siège du mouvement.

Marie-Caroline, la dauphine désignée qui était passée par Oxford, choisit avec son mari, Philippe Olivier, le camp du félon. C'est un séisme politique mais aussi familial. Même en 1984, lors de la séparation de Jean-Marie Le Pen avec sa femme Pierrette, qui s'enfuit avec son amant et pose nue dans *Playboy*, les trois sœurs étaient restées unies et avaient soutenu le père.

Marine, elle, à cette époque, ne se croit pas vraiment un destin politique. Elle est une jeune fille qui aime la fête. On la surnomme même la « nightclubbeuse ». On la voit passer des nuits sur le *dance floor* des Bains Douches. Elle aurait pu dire alors, comme Françoise Sagan dans *Des bleus à l'âme* (publié en 1972 chez Flammarion) : « Vraiment, devrons-nous acheter des actions Shell et des machines à laver pour être bien considérés et pour être sûrs de mourir vieux ? Et confortables dans le sein flétri de notre vieillesse ? Ah non ! Vive la vie des boîtes de nuit, et vive la joyeuse ou triste solitude de ceux qui s'y entassent ! »

Cela ne l'empêche pas de devenir avocate et de prêter serment. On est en 1992, et elle commence par assurer des permanences pour les comparutions immédiates à la 23e chambre du tribunal correctionnel de Paris.

Pendant ces audiences en comparution immédiate, elle a souvent été amenée à défendre clandestins et autres sans-papiers.

Une contradiction ? Une ironie du sort ? Pas du tout. La réponse de Marine Le Pen est la suivante : « Je ne suis pas en contradiction avec mes idées. La philosophie du FN ne prône pas l'agression contre les individus. De bonnes lois peuvent entraîner des injustices[3]. » Elle aura ainsi sauvé la mise, à six reprises, à un Algérien menacé d'expulsion pour un vol de voiture commis avant sa majorité et sans histoire depuis.

Elle est désormais une des personnalités politiques les plus appréciées des Français. Il faut la voir sillonner son fief d'Hénin-Beaumont, dans ce Pas-de-Calais où la désindustrialisation a fait des ravages, où vivent des gens abandonnés de tous et d'abord par une gauche qui a baissé les bras, préférant comme clientèle les bobos aisés des centres-ville. Plusieurs anciens maires de gauche ont d'ailleurs été condamnés pour favoritisme, ou encore pour détournements de fonds publics.

Il y a de la travailleuse sociale dans sa manière de faire de la politique locale, de s'occuper des inquiétudes d'une vieille dame, veuve de mineur. Qui aurait dit que la greffe prendrait à ce point entre la fille de Montretout et ce pays de chevalets et de terrils ? C'est pourtant le cas.

On parle, chez ses adversaires, de démagogie, de populisme. D'autres y voient une sincérité, cette sincérité qui permet d'être élue comme conseillère municipale à la mairie d'Hénin, comme elle a été élue au conseil régional, manquant de peu, en 2015, de prendre la région des Hauts-de-France avec près de 41 % des voix au premier tour. Xavier Bertrand, loin derrière, ne devra son salut qu'à la peur qu'elle inspirait à certains électeurs.

Mais cette peur s'estompe de plus en plus, ou plutôt elle change de camp.

Marine Le Pen, cette quinquagénaire avenante, souriante, amincie, toujours sur le terrain, apparaît comme un pôle de stabilité, comme une force qui va, mais une force qui protège. Sur l'immigration mais aussi sur le social – on l'a vu au moment du mouvement contre la réforme des retraites –, elle semble être celle qui comprend le mieux ce mélange de peur et d'espoir qui habite la France, selon ses électeurs.

La fameuse dédiabolisation du Rassemblement national qui inquiète tant les partis traditionnels, elle l'a achevée en participant à la grande manifestation contre l'antisémitisme après le pogrom du 7 octobre 2023 en Israël. Là encore, on a tenté de la renvoyer à son père, de dire que la haine des Juifs, pourtant devenue l'apanage de banlieues islamisées, était consubstantielle au Rassemblement national.

Mais celle qui a écrit, toujours dans son autobiographie, « On naît la fille de Le Pen, on meurt la fille de Le Pen. C'est l'homme de ma vie. Il a construit la femme que je suis » ne l'a pas renié.

Elle l'a sans doute dépassé.

Marion Maréchal
ou la recherche d'un destin

Marion Maréchal est une icône.

Celle d'une droite nationale qui est persuadée que la France mérite mieux que l'effacement auquel la promettraient la mondialisation et le « Grand Remplacement ». Les milieux nationalistes, aujourd'hui, l'attendent comme on attend les navires qui permettront la reconquête.

Cette toute jeune femme, au charme certain, à la séduction subtile, est désormais rodée aux plateaux de télévision. On l'a vue affronter dans un débat sans concession Mathilde Panot, en décembre 2023, sur BFMTV. C'est-à-dire son exact envers : la députée « insoumise », présidente du groupe LFI à l'Assemblée nationale, est devenue, depuis la réélection d'Emmanuel Macron, le visage de l'opposition de gauche.

Toutes les deux sont nées en 1989 : Mathilde Panot en janvier, Marion Maréchal en décembre, le mois où tombait le mur de Berlin, entraînant dans sa chute, par un effet domino, tous les pays du bloc soviétique.

On peut y voir un symbole. Marion Maréchal connaît le poids d'une histoire qui est aussi celle de son grand-père,

Jean-Marie Le Pen, qui réussit en 1972 à fédérer au sein du Front national toutes les chapelles de l'extrême droite sous la bannière de l'anticommunisme.

Mathilde Panot, elle, continue de croire en l'utopie mortifère, continue de croire que le communisme réel des pays de l'Est n'est qu'une erreur de parcours.

Lors de ce débat, il fut question entre les deux jeunes femmes, avant tout, d'exposer deux visions diamétralement opposées de l'avenir de la France. Pour Marion Maréchal, la France est confrontée à une guerre de civilisation, tandis que pour Mathilde Panot, la France ne pourra exister et se construire que dans le creuset des migrations.

Durant, cette confrontation, alors que la tragique affaire de Crépol fracturait le pays après que le jeune Thomas eut été assassiné à coups de couteau par une bande venue en expédition punitive, Marion Maréchal a osé parler d'un « racisme anti-blanc ». Elle s'est vue qualifier illico par Mathilde Panot, passionaria du mélenchonisme, d'« ultra libérale » et d'« ultra raciste ».

Elles ont toutes les deux mis en lumière l'extrême polarisation du paysage politique français. Une polarisation que je déplore. La politique mérite mieux, et les Français aussi. C'était presque trop facile de choisir ces deux femmes, comme si leurs positions étaient les seules possibles. L'effet délétère et destructeur d'une telle opposition est la simplification. Le spectateur qui n'est ni pour l'une ni pour l'autre se trouve le temps d'un débat dans l'obligation, malgré lui, de choisir par défaut. Or, en politique, dans un contexte normal, on ne devrait pas choisir celui ou celle qu'on déteste le moins, mais celui ou celle qu'on aime le plus. Ou s'abstenir. Mais le spectateur n'est pas un citoyen le temps qu'il est spectateur : il ne s'abstient pas, il regarde...

On avait affaire à des guerrières, qui n'ont pas cherché à retenir leurs coups. Marion Maréchal, non sans malice, alors que Mathilde Panot s'emmêlait dans les chiffres, a ironisé : « Continuez, ça m'intéresse, je sais que votre maman est prof de maths[1]. »

En matière d'image, Marion Maréchal est sortie victorieuse de ce débat : souriante, ironique, voire taquine face à une Mathilde Panot qui semblait estimer que montrer la moindre humanité, la moindre courtoisie auraient été un signe de faiblesse et de collaboration avec l'ennemi. On sait l'importance de l'image, on sait aussi sa fragilité. Une image change, se dissipe, s'évapore. Une victoire par l'image est éphémère, elle dure à la télé le temps d'une pause publicitaire.

Ceux qui avaient eu l'illusion qu'un débat entre femmes, et entre femmes de la nouvelle génération, aurait un ton plus détendu en furent pour leurs frais.

Toutes deux n'ont rien voulu lâcher, ont refusé de faire semblant, ont voulu prouver à leur camp respectif qu'elles savaient combattre. Elles n'ont pas cherché à convaincre leur vis-à-vis, elles ont cherché à galvaniser leurs fidèles.

Mais de quel camp parle-t-on au juste ?

Depuis qu'elle a rejoint Éric Zemmour, Marion Maréchal sait qu'elle a envoyé un signe très clair au

Rassemblement national et à sa tante, Marine Le Pen : « Je ne crois plus en vous, je ne crois plus en toi. À force d'avoir voulu la respectabilisation, vous êtes devenus un parti qui oublie que la question de l'identité, c'est la question centrale. Vous menez un combat social alors que c'est un combat culturel. »

Marion Maréchal a bien retenu les leçons stratégiques des deux penseurs qui l'ont le plus marquée, Dominique Venner et Patrick Buisson.

Au commencement était l'identité, au commencement était le danger mortel menaçant une certaine manière d'être français. Voilà pour la stratégie, et pour la tactique, cela passe par l'union des droites, de toutes les droites, tandis que Marine Le Pen croit pouvoir vaincre seule.

Marion Maréchal ne mène pas une croisade, comme veut le faire croire la presse *mainstream* et toute la bien-pensance, mais plutôt une quête, celle d'un Graal qui a pour nom, précisément, cette union des droites. Derrière ses allures policées, son élégance et sa grâce efficace, Marion Maréchal est une chevalière de la Table ronde. On pourrait aussi bien l'imaginer sur un vitrail avec le hennin de la reine Guenièvre qu'avec le heaume de Jeanne d'Arc.

On a voulu voir dans son ralliement à Éric Zemmour pendant la campagne présidentielle de 2022 une trahison de sa propre famille, politique et affective.

Pourtant, ce ralliement tardif n'était pas une hésitation, mais une manière calculée de montrer son importance politique en entretenant soigneusement le suspense. Et c'était plutôt un acte de foi. De foi en « la droite Buisson », toujours, qui cherche l'alliance entre la bourgeoisie conservatrice et les classes populaires, le lien se créant à travers le prisme de la question identitaire.

Marion Maréchal se construit dans la transgression et la rupture, comme toutes celles qui veulent transformer leur vie en destin.

Elle est la fille de Yann Le Pen, la fille entre Marie-Caroline et Marine. Yann a fait son bébé toute seule, avant d'épouser Samuel Maréchal, qui fut un temps une des étoiles montantes du FN. Il donne son nom à la petite Marion. Mais il divorce de Yann en 2007 et quitte dans la foulée le FN pour retourner dans le privé. Il reste le conseiller de sa fille, cependant, sans vouloir jouer un rôle de premier plan.

Si Samuel Maréchal reste la seule image paternelle, elle découvrira tout de même plus tard qui est son père biologique : Roger Auque, personnage romanesque, journaliste et honorable correspondant de la DGSE, mercenaire et ambassadeur en Érythrée nommé par Nicolas Sarkozy, mort en 2014. Cette situation l'a fait réfléchir à la notion de famille, à l'importance pour un enfant d'avoir un père, biologique ou non, et une mère.

On lui fait à tort une réputation d'homophobe quand elle s'oppose au mariage pour tous, en oubliant qu'elle a prôné la possibilité d'un Pacs élargi. On la sait refusant la PMA. Elle n'est pas pour autant contre l'avortement, mais contre sa banalisation. Nuance.

C'est intéressant de voir qu'elle ira d'ailleurs jusqu'à demander un droit de réponse au mensuel *Causeur*, pourtant proche de ses idées, quand celui-ci l'embarquera dans le camp des « pro-life » purs et durs.

C'est que, derrière le visage angélique de Marion Maréchal Le Pen, il y a beaucoup d'intelligence et de complexité. Elle abandonne « Le Pen » pour marquer une rupture plus politique qu'affective, mais rappelle dans ses interviews qu'elle accepte avec plaisir d'être appelée par son nom composé. Elle reste d'ailleurs très proche de son grand-père, le patriarche, qui voit en elle une relève possible, peut-être plus fidèle au projet originel du FN que Marine, la fille préférée.

Toujours est-il que cette jeune femme, à qui Éric Zemmour confie la vice-présidence de Reconquête en 2022, et à qui il demande, malgré son jeune âge, de prendre la tête de liste à l'élection européenne de 2024, a une vie politique bien remplie.

En 2012, à vingt-deux ans, lors des élections législatives dans le Vaucluse, elle est la seule élue sous l'étiquette FN à l'Assemblée nationale, sortant victorieuse d'une triangulaire, mais épaulée par Gilbert Collard, qui sans adhérer au parti, a concouru sous le label « Rassemblement Bleu Marine » et a été élu dans le Gard.

Si Marion a été envoyée dans le Vaucluse, c'est aussi pour des raisons liant roman familial et combat politique. La circonscription est celle de Carpentras où, dans les années 1990, on a accusé des militants FN d'avoir profané un cimetière juif. Jean-Marie Le Pen est alors cloué au pilori. Même si, à la fin, le parti est dédouané de cette horreur, il n'a rien oublié et demande à sa petite fille, textuellement, d'aller le venger et laver l'honneur de son nom en gagnant cette élection vingt ans après.

Il y aura, décidément, toujours quelque chose de shakespearien dans l'histoire de la dynastie Le Pen.

Marion Maréchal ne se représente pas en 2017. Elle ne cache pas que son refus est lié à deux raisons. D'abord, selon ses propres propos, parce qu'elle a « planté son mariage[2] », dont est née une petite fille à laquelle elle n'a pas pu consacrer assez de temps, mais aussi pour une raison politique, parce qu'elle se sent isolée dans son propre mouvement. Elle a des divergences importantes, notamment avec Florian Philippot, alors numéro deux : elle s'oppose à lui sur l'Europe et le projet d'un Frexit qu'elle juge irréaliste.

Par ricochet, ses relations se tendent avec sa tante. Elle décide alors de retourner à ce monde réel qui lui manque.

Cette preuve de maturité est aussi une preuve de modernité. Quitter la politique, retrouver sa fille, pour elle, c'est prendre sa respiration en tant que femme, refuser une certaine aliénation, et tant pis si on lui en veut du côté du Vaucluse.

Cinq années pour comprendre qu'il lui faudra faire la part des choses entre vie personnelle et vie politique, au risque sinon de rater les deux. D'ailleurs, elle a retenu la leçon de Tacite : « L'éloignement augmente le prestige. »

De fait, sans être présente médiatiquement, elle reste observée, on s'interroge sur ce qu'elle cherche à faire avec son ISSEP, Institut des sciences sociales, économiques et politiques, qu'elle crée à Lyon. Fonder une école de cadres pour un futur mouvement ? Ou sauver le capital immatériel d'un projet politique que le RN de Marine Le Pen a renié ?

Elle est aidée dans ce projet par le mensuel *L'Incorrect*, créé en 2017, où des journalistes comme Jacques de Guillebon se mettent à son service. Des filiales de l'ISSEP apparaissent à Paris, en Espagne…

On tente, bien entendu, de décrédibiliser cette initiative mais cela ne lui fait pas peur. Marion Maréchal a grandi depuis l'enfance en opposition à un monde qui n'accepte pas qu'on soit héritière de Le Pen. Qui, à l'occasion, comme sa tante, a été persécutée ou méprisée, notamment à l'école.

Que lui importe qu'on mette en doute la validité des diplômes de cette école ou que les banques se fassent tirer l'oreille pour les financements ?

Marion Maréchal est désormais sereine, comme celle qui sait que bientôt les batailles décisives se présenteront dans un pays toujours plus abîmé.

Et qu'elle sera au rendez-vous.

Nadine Morano
ou le franc-parler

Alain Delon aime Nadine Morano.

L'acteur mythique, qui domine l'imaginaire des Français comme symbole d'une France plus heureuse, râleuse mais sachant encore donner dans le panache, a souvent parlé politique. Au long de ses innombrables interviews, il a cité beaucoup d'hommes politiques mais une seule femme : Nadine Morano.

C'était en 2015, une année compliquée pour Nadine Morano plus ou moins lâchée par son propre parti pour des déclarations politiquement incorrectes, mais j'y reviendrai.

Je préfère citer ce que disait d'elle alors notre inoubliable « Guépard » : « Nadine Morano a des couilles de tenir comme elle tient, et de dire *"Je vous emmerde tous, je dis ce que je pense et je continuerai à le dire*[1]*"*. »

Évidemment, on pourra toujours reprocher à Delon, dans certains milieux féministes, la métaphore machiste pour qualifier le courage, assimilé aux organes reproducteurs masculins. Mais Delon a son franc-parler, sa langue drue et ce qu'il aimait chez Nadine Morano, c'était la même chose.

Je ne suis finalement pas si étonnée que ça par cette sympathie. Nadine Morano a quelque chose d'une Annie Girardot, entre gouaille et colère. Elle aurait pu jouer à la place de l'actrice avec Delon dans ce film d'Alain Jessua dont le titre résume bien sa vision de la politique : *Traitement de choc.*

Nadine Morano est née en 1963 à Nancy. Elle vient d'un milieu populaire, comme Delon. Père routier et mère standardiste d'origine italienne. C'est une gamine de l'Est, une région de travail et d'immigration. Une immigration qui pendant longtemps ne cherche qu'une chose : s'intégrer dans une France qui l'accueille.

Nadine Morano est une gosse des Trente Glorieuses, pétrie d'optimisme, comme son époque. Ses parents croient au mérite, le frère aîné devient militaire tandis qu'on scolarise la petite Nadine « dans le privé ».

Il serait idiot de parler de valeurs de droite, dans cette histoire familiale. À l'époque, il s'agit plutôt de valeurs républicaines, tout simplement. Elle fait ses études à la fac de Nancy, elle est fière de son bac +5 en communication, et plus fière encore de ne rien devoir au moule formaté des grandes écoles. S'il y en a bien une qui a été plus souvent qu'à son tour renvoyée à ses origines populaires, c'est bien elle, par son camp mais aussi par une certaine gauche qui a aimé se servir d'elle comme d'un punching-ball en essayant sans trop de succès de cacher son mépris de classe.

Nadine Morano ne vit pas son engagement au RPR, alors qu'elle est encore étudiante, comme un engagement de droite. À l'époque, le RPR de Chirac, c'est encore le gaullisme, et le gaullisme a toujours eu une forte assise sociale et populaire, ce qu'avait bien résumé André Malraux en disant : « Le RPF, c'est le métro à cinq heures du soir. »

Aujourd'hui, on dirait de Nadine Morano que c'est une « transfuge de classe ». Elle a été plusieurs fois ministre, députée, députée européenne, alors que tout a commencé pour elle dans les barres HLM du quartier du Haut-du-Lièvre.

Mais cette notion de « transfuge de classe » ne lui convient pas vraiment. C'est bon pour une Annie Ernaux ou un Édouard Louis, voire pour le prix Goncourt Nicolas Mathieu, qui comme Nadine Morano vient d'un milieu populaire de l'Est mais utilise sa réputation pour étaler sa bonne conscience de gauche sur Instagram.

Le transfuge de classe a vite tendance à mépriser son milieu d'origine sous prétexte de se sentir coupable de l'avoir quitté. Il ira même exagérer la misère de sa famille, comme Édouard Louis dans *En finir avec Eddy Bellegueule*, dont la famille a été la première étonnée de se voir résumée à une collection d'alcooliques homophobes.

Nadine Morano, elle, ne renie rien. Femme de caractère. Femme déterminée.

Elle s'est même servie, toute sa vie, de ses origines sociales comme d'une boussole. Elle est restée à l'écoute de son milieu tout en militant, elle a anticipé dès avant l'élection de Sarkozy la panique identitaire des couches populaires devant la submersion migratoire. « J'ai une vraie expérience de la vie dans les cités puisque j'y suis née et que j'y ai vécu jusqu'à l'âge de vingt-trois ans. Au cinquième étage d'une tour de la cité du Haut-du-Lièvre, avec ses immenses barres nommées le Cèdre bleu, le Sycomore blanc, le Hêtre pourpre, dont certaines ont récemment été rasées pour les besoins de la rénovation urbaine. Les appartements étaient bien conçus, avec une salle de bains à l'intérieur. Il y avait deux centres commerciaux, des cours de danse, de piano, de couture. C'était une cité où la mixité sociale fonctionnait bien[2]. »

Ce sont cette lucidité et cet instinct politique qui permettent très tôt aux instances du RPR de Meurthe-et-Moselle de faire d'elle une responsable des jeunesses du mouvement. Elle rencontre Sarkozy dès le début des années 1990, un Sarkozy qu'elle soutient après l'élection de Chirac en 1995, car elle sent chez lui un côté briseur de tabous et une manière d'aller à la rencontre du peuple sans démagogie et sans naïveté.

Toutefois, son franc-parler et ce que certains appellent ses « dérapages » sont autant un atout auprès des militants qu'un handicap pour trouver sa place au premier plan. On l'a montrée capable de danser jusqu'au bout de la nuit avec les jeunes UMP à une université d'été en ayant le naturel de la fille qui a toujours aimé s'éclater en boîte.

Mais on l'a aussi vue embarrasser Sarkozy président, qui en a fait une secrétaire d'État à la Famille, quand elle déclare en parlant d'un jeune musulman : « Ce que je veux, c'est qu'il aime la France quand il vit dans ce pays, c'est qu'il trouve un travail, et qu'il ne parle pas le verlan. C'est qu'il ne mette pas sa casquette à l'envers. C'est qu'il essaie de trouver un boulot, et qu'on l'accompagne dans sa formation. C'est tout ça[3]. »

Je ne trouve personnellement dans ces propos rien de choquant mais, à l'époque, cela avait fait polémique. On peut en revanche être beaucoup moins d'accord quand en septembre 2015 elle déclare : « Nous sommes un pays judéo-chrétien, le général de Gaulle le disait, de race blanche[4]. » Cette vision réductrice lui vaut une obligation de démissionner de la tête de liste LR du Grand Est pour les élections régionales, prévues pour le mois de décembre.

Remplacée à la hâte par Philippe Richert, Nadine Morano ne peut que constater, désolée, que le FN arrive en tête. Elle en tient pour responsable son ancien mentor, Nicolas Sarkozy, alors patron du parti, qui n'ose pas aller jusqu'au bout de sa logique de reconquête de l'électorat lepéniste.

Et elle fait savoir tout le mépris qu'il lui inspire, en bonne spécialiste de la boîte à gifles : « Quant à Nicolas Sarkozy, ce n'est même pas la peine qu'il songe à se présenter à la présidentielle, je le dézinguerai[5] ! » Nadine Morano est comme ça, avec quelque chose de téméraire et d'impulsif qui lui vaut d'ailleurs, à ce moment-là, de faire un sacré bond dans les sondages.

Depuis, ce qu'on peut constater, c'est que même reléguée au poste de députée européenne, elle est restée fidèle à LR.

Ils ne sont pas si nombreux chez les Républicains, entre ceux qui ont fui chez les macronistes et ceux qui flirtent de plus en plus ouvertement avec le RN et plus encore avec Reconquête. Nadine Morano, finalement, qu'on a toujours soupçonnée d'être sur le point de se rallier au RN, a même annoncé avoir voté Macron en 2017 à cause de la politique européenne de Marine Le Pen, et blanc en 2022.

Elle a d'ailleurs un certain mérite, car rarement une femme politique aura été aussi caricaturalement insultée par la gauche bien-pensante, et notamment par Guy Bedos qui, en toute élégance, avait déclaré à son propos : « Qu'est-ce qu'elle est con. Mais qu'elle est commune celle-ci, elle répète sans arrêt *"Le peuple, je connais, j'en viens"*. Eh bien, retournes-y ! » Tous les ingrédients du mépris de classe sont là. Et on se demande d'ailleurs où étaient les féministes pour la défendre.

Mais, contrairement aux féministes, elle a de l'humour et contre-attaque toute seule : « Vous êtes une femme, vous êtes blonde, vous avez grandi dans un quartier populaire, [...] vous n'êtes pas passée par la case ENA, vous êtes donc totalement illégitime. Mais qu'est-ce qu'elle fait là, et pourquoi elle parle en fait[6] ? » a-t-elle ainsi déclaré à ma consœur Gabrielle Cluzel sur Boulevard Voltaire.

Nadine Morano, elle, continue de parler envers et contre tous, et elle sait pourquoi, sur l'immigration notamment.

Sa voix unique, sa gouaille sincère, sa détermination toujours accompagnée d'un sourire en font une présence indispensable à notre vie démocratique.

Mathilde Panot ou les violences de l'idéalisme

On fera crédit à Mathilde Panot, deux fois élue députée de la République sous les couleurs de La France insoumise et deux fois élue présidente du groupe du même nom, de vouloir changer le monde et de vouloir le changer radicalement. Sa sincérité n'est pas en jeu.

Mathilde Panot, si l'on en juge par ses très rares confidences et ce qu'on sait de son parcours, a très tôt été indignée par la société dans laquelle elle vivait. Ce n'est même pas une histoire de famille. Des parents enseignants, des frères et sœurs (elle est la deuxième), elle est née en 1989, l'année de la chute du mur de Berlin, qui signe la fin du communisme.

Un clin d'œil du destin pour celle qui se définit aujourd'hui comme « une révoltée », pour celle qui dit, arrivée au milieu de sa trentaine, que la seule chose qui la fait rêver, c'est « rompre avec ce monde de malheur ».

Pourtant, ni tradition politique particulière dans sa généalogie, ni indifférence. On parle de l'actualité au moment des élections, comme dans de nombreuses familles françaises.

Mathilde Panot, pourtant, milite très vite. C'est d'abord le syndicalisme étudiant, celui de l'UNEF, à la pointe du combat contre le CPE. C'est le bénévolat à ATD Quart monde pendant ses études à Sciences Po, ou à l'association VoisinMalin qui veut « conscientiser » les classes populaires du côté de La Grande Borne à Grigny.

Pas de cours de marxisme, mais des choses très concrètes sur la prévention en matière de cancer du sein, les punaises de lit ou les démarches bancaires. On pourrait en déduire un engagement que ne renieraient pas les Restos du cœur ou même le Secours catholique. La bonne fille généreuse, dévouée, qui préfère donner de son temps pour les plus pauvres plutôt que d'aller faire la fête avec ses condisciples de la rue Saint-Guillaume.

Oui, Mathilde Panot est sincère.

Mais de quelle sincérité s'agit-il ?

Ou plus exactement, de quelle forme de sincérité ?

Il y a en elle, aujourd'hui, une froideur qui peut inquiéter, un rigorisme idéologique qu'on imagine sans peine avoir été celui des membres du Comité de salut public pendant la Révolution française. On n'est pas loin de Robespierre ou de Saint-Just dont la devise était : « Pas de liberté pour les ennemis de la liberté. »

Ce fut ainsi que commença la Terreur, dans une forme de pureté délirante.

Mathilde Panot est devenue l'incarnation médiatique de LFI. C'est-à-dire d'une extrême gauche persuadée d'avoir raison, seule contre le monde entier. On dit ici et là qu'elle sort de l'arc républicain, on s'indigne, mais à quoi bon ?

Rien ne la changera. Parfois, j'avoue avoir eu du mal à la comprendre, à me demander pourquoi une telle férocité. Je me refuse à faire de la psychologie de bas étage. On l'a vu, ce n'est pas une enfance malheureuse de toute manière, et puis ça n'excuserait rien.

Et finalement, j'ai trouvé, à force de l'écouter et en m'intéressant plus au fond qu'à la forme, toujours agressive. Mais le fond n'est guère plus rassurant. Avec Mathilde Panot, on oublie une chose simple : elle ne reconnaît aucune légitimité au régime en place, à la Ve République, peuplée de faquins et de coquins, pour reprendre encore une fois une terminologie robespierriste.

LFI en veut une autre, de République : la VIe... Alors pourquoi témoigner un quelconque respect à celle-là ?

Son comportement de parlementaire choque au quotidien. Yaël Braun-Pivet, la présidente de l'Assemblée nationale, souvent maltraitée par elle en séance publique, ne la trouve pas plus aimable à la conférence hebdomadaire des présidents de groupe. Elle ne salue personne, ne fait preuve d'aucune convivialité et n'adresse jamais la parole à Marine Le Pen.

Cheveux tirés en arrière pour en faire une queue-de-cheval ou un chignon fonctionnel, verbe haut, sourire rare, vêtements sans excentricité, elle garde par ailleurs une allure terriblement normale.

Sauf le regard.

Ce regard bleu qui n'exprime jamais aucune émotion, qui garde sa terrible transparence. Observez-le, ce regard : c'est toujours le même, que Mathilde Panot soit dans l'outrance ou dans l'explication, qu'elle invective un adversaire, ou qu'elle soit elle-même victime d'une saillie sexiste d'un député RN qui la traite de « poissonnière ».

Nul ne saura si elle a été blessée personnellement. Ce n'est finalement pour elle que de peu d'importance : ce n'est pas ce qu'elle ressent en tant que femme qui compte dans la logique « insoumise », c'est l'intérêt que peut y trouver la cause, en l'occurrence une nouvelle occasion de discréditer des adversaires renvoyés dans les ténèbres extérieures de l'extrême droite.

Non, Mathilde Panot ne laisse rien passer de ses sentiments, ni le doute, ni la colère, ni la détresse, ni l'émotion. Quel affreux sang-froid quand, dans les jours qui ont suivi les horribles massacres du Hamas, elle a obstinément refusé de parler de « terrorisme[1] » !

La jeune génération « insoumise », dont Mathilde Panot est le porte-drapeau, fonctionne exactement de la même manière qu'à l'époque noire du stalinisme, ce qui est paradoxal pour des trotskistes : on écarte la vieille garde sans faire de sentiment, les Garrido, les Coquerel, les Corbière. On tolère les dissidents comme Autain ou Ruffin parce qu'ils seraient plus dangereux dehors que dedans.

Et même, parfois, au nom du chef, on n'hésite pas à renier ses convictions. Lorsque Adrien Quatennens, l'enfant chéri de Jean-Luc Mélenchon, est condamné par la justice pour violences conjugales, de nombreuses élues de la Nupes sont indignées et ne veulent plus de son retour en politique. Quant à Mathilde Panot, dont le féminisme est des plus sourcilleux d'habitude, elle parle à son propos de « dette payée » et de « tout ce qu'il peut de nouveau apporter au mouvement ».

De toute façon, Mathilde Panot a toujours raison puisqu'elle parle au nom du peuple. Elle a pour cela une tribune, c'est l'Assemblée nationale. Et comme tous ceux de sa génération, elle baigne dans les réseaux sociaux.

Elle a été la principale artisane de la stratégie de « bordélisation » des débats lors de la réforme des retraites. Et elle l'a été, là encore, sans état d'âme. Les autres composantes de la Nupes, du PCF aux écologistes en passant par les socialistes, voulaient jouer le jeu de manière à arriver au fameux article 7 qui constituait le cœur de la réforme en faisant passer l'âge légal de soixante-deux à soixante-quatre ans. Il y aurait eu une chance, à leur avis, de mettre la macronie en minorité. Cela a été rendu impossible par les « insoumis ».

Mais peu importait à Mathilde Panot que ses alliés et l'intersyndicale dans la rue critiquent cette stratégie et expliquent que LFI à l'Assemblée faisait le jeu de la macronie. Pour elle, comme pour Mélenchon, l'important est de jouer en permanence une politique de la tension et de déclencher un processus révolutionnaire. Mathilde Panot évolue dans une autre dimension avec un autre calendrier.

Elle est persuadée, comme Mélenchon, qu'à la fin tout se jouera dans la rue.

J'ai essayé, pourtant, de trouver quelque chose en elle à quoi me raccrocher, en espérant trouver un détail qui me l'aurait rendue, même un peu, sœur en humanité. Je n'ai trouvé que des réponses banales dès que les journalistes, qu'elle considère tous comme des ennemis, abordent sa vie hors de la politique : elle dit aimer le rap (et pour cause, c'est elle qui a invité le très controversé Médine à une université d'été de LFI) et Romain Gary. Mais là aussi, je sens un calcul. Je me trompe peut-être, mais le rap est la musique de ceux qui pourraient devenir ses électeurs et Romain Gary, ça ne porte pas à conséquence : tout le monde aime Romain Gary.

Je me suis alors souvenue de ce qu'écrit Emil Cioran sur les dangers de la pureté en politique au début de son *Précis de décomposition* (publié en 1949 chez Gallimard) : « On se méfie des finauds, des fripons, des farceurs ; pourtant on ne saurait leur imputer aucune des grandes convulsions de l'histoire ; ne croyant en rien, ils ne fouillent pas vos cœurs, ni vos arrière-pensées ; [...] l'humanité leur doit le peu de moments de prospérité qu'elle connut : ce sont eux qui sauvent les peuples que les fanatiques torturent et les "idéalistes" ruinent. »

J'ai bien peur que Mathilde Panot soit, précisément, une de ces idéalistes.

Valérie Pécresse
ou les ambitions brisées

Valérie Pécresse avait tout pour être la première présidente de la République.

Brillante, décidée, accrochant bien la lumière. Son profil était parfait, pourvu qu'elle sache le maîtriser, le polir, éviter ce côté « techno » qui repousse de plus en plus les Français. Car Valérie Pécresse, c'est l'élite dans ce qu'elle a de plus chimiquement pur.

Elle naît à Neuilly, dans cet Ouest parisien dont Antoine Blondin, dans *Les Enfants du bon Dieu*, disait que « les avenues sont profondes et calmes comme des allées de cimetière ». On peut imaginer une enfance studieuse dans cette qualité particulière de silence.

Par son grand-père, psychiatre résistant, dont le domicile devint pendant l'Occupation le siège du journal *Témoignage chrétien*, plutôt de gauche, elle est une jeune fille catholique.

Elle est aussi surtout cette étudiante brillante à HEC et à l'ENA. Elle choisit la voie royale du Conseil d'État et elle est vite repérée par les équipes de Chirac qui en font une de ses conseillères en 1998.

C'est que, outre sa formation à l'ENA, elle a déjà beaucoup voyagé, aussi bien en Russie qu'au Japon, apprenant les deux langues qu'elle maîtrise toujours. On a l'impression dans son entourage que, comme aux échecs, elle a toujours deux coups d'avance.

Est-ce dû au fait qu'elle ait eu son bac à seize ans ? Pourtant, on la trouve déjà un peu trop lisse, un peu trop froide, un peu trop parfaite. Presque hitchcockienne dans son genre.

Même son mariage entre dans les cases des mariages endogames de la haute société : elle épouse, en 1994, Jérôme Pécresse, un des dirigeants d'Alstom. Pour mettre une touche finale à ce tableau, comme un symbole ou un hasard objectif, elle est née… un 14 juillet.

La République, décidément, s'est penchée sur le berceau de la petite fille née au cœur des Trente Glorieuses.

Elle confie pourtant que, même dans ses sphères protégées, elle a été victime d'un machisme ordinaire, Dominique de Villepin lui expliquant : « Savez-vous que vous êtes favorite pour ce poste uniquement parce que vous êtes une femme[1] ? », et tel autre haut fonctionnaire élyséen lui demandant quelles notes au juste elle avait eues à l'ENA… La noblesse de robe aussi a ses mesquineries. Et Dominique de Villepin pour être un amateur de poésie n'en est pas moins un goujat.

Valérie Pécresse, qui comprend tout, comprend aussi l'essence de la politique : tout ce qui semble prestigieux dans ce petit milieu n'est rien sans l'onction du suffrage universel. Un simple conseiller régional propriétaire d'un magasin d'articles de pêche compte plus aux yeux du citoyen que le plus brillant joyau de l'énarchie incapable de distribuer des tracts sur un marché. Elle pressent également que se retrouver directement président de la République comme le sera Macron, sans passer par la case enracinement local, c'est un cadeau empoisonné. La Ve République a déjà tendance à isoler le président, à le déconnecter. Alors, si, comme Macron, on n'a jamais été connecté, cela explique ce sentiment que l'Élysée est complètement hors-sol.

C'est pour cela que, dès 2002, Valérie Pécresse commence sa carrière de parlementaire en étant élue députée des Yvelines sous l'étiquette UMP. L'Ouest parisien, c'est l'Ultima Thulé, le Shangri-La de la droite hier, et de la macronie aujourd'hui.

Dans la foulée, elle est élue conseillère régionale sur la liste Copé. Elle a, à trente-cinq ans, compris ce qu'il fallait faire pour durer : avoir un territoire à soi comme Virginia Woolf voulait une chambre à soi.

La légitimité, c'est le peuple. Et une circonscription ou une collectivité locale, c'est une citadelle. On ne peut pas grand-chose contre vous si vous avez un tel ancrage dans la durée et dans l'espace.

L'avenir lui a donné raison puisque malgré l'échec cinglant à la présidentielle qui aurait pu la rejeter dans les ténèbres extérieures elle a retrouvé la présidence de la région Île-de-France, la plus puissante baronnie qui soit, pour lécher ses plaies.

Et, qui sait, préparer une contre-attaque ?

Valérie Pécresse possède de l'intelligence, du sens politique, une expérience du terrain, une expérience ministérielle sous Sarkozy où elle a mené à la baïonnette une réforme sur l'autonomie des universités, ne lâchant pas un début de concession face à des syndicats étudiants que cette grève longue et dure a achevé de délégitimer.

Mais elle a aussi quelque chose en plus.

Elle sait saisir ce que les Grecs appelaient le *kairos*, c'est-à-dire le moment opportun. Ou ce que les Latins nommaient *momentum*, à savoir un instinct permettant de visualiser quelles sont les forces en présence, comment elles jouent l'une contre l'autre et l'instant où une brèche apparaîtra pour rebattre les cartes.

Toutefois, ce sens du *kairos* et du *momentum* qui avait réussi à Valérie Pécresse jusque-là dans son ascension au sein de la sarkozie, puis dans la conquête de l'Île-de-France et même dans la primaire des Républicains, eh bien, il lui a fait défaut dans la campagne présidentielle elle-même.

Pourquoi ?

Pour une raison à mon avis très simple, presque prosaïque, et qui est devenue une plaie de la politique. Valérie Pécresse avait un atout rare dans son jeu : elle allie en elle ce que Pascal appelait « l'esprit de géométrie et l'esprit de finesse », c'est-à-dire une intelligence rationnelle qui permet d'élaborer des plans mais aussi une intuition qui ne trompe pas, un feeling.

Or, les premiers sondages sortent et ne lui sont pas favorables. Elle prend peur et laisse son destin entre les mains des communicants, ces magiciens autoproclamés qui permettraient de transformer le plomb des mauvais sondages en or de la victoire.

Vous les laissez faire et soudain ils décident de tout, de votre coiffure comme des idées que vous devez mettre en avant, des alliances ponctuelles que vous devez nouer aux endroits où il serait bon qu'on vous voie.

Vous n'êtes plus vous-même, vous agissez comme une marionnette qui sait qu'elle est une marionnette, vous en souffrez, vous êtes de plus en plus mal à l'aise, les citoyens le sentent, les médias, après vous avoir léché, vous lâchent, puis vous lynchent, et tout cela finit un soir de premier tour de 2022 par 1 600 000 voix et 4,78 %.

Le plus mauvais score de l'histoire pour le parti héritier du gaullisme, pour ces LR qui se prétendaient « droite de gouvernement » et qui, par une ironie amère, comme pour ajouter à l'humiliation, finissent à quelques dixièmes en dessous de ces 5 % qui permettent de rembourser les frais de campagne.

Il y a un responsable principal à cet échec retentissant, même s'il n'est pas le seul : il s'appelle Patrick Stefanini. Rachida Dati, qui a assisté à la faillite de Valérie Pécresse, mi-désolée parce que cela concernait son camp, mi-réjouie parce qu'elle avait l'intime conviction qu'elle aurait été meilleure, avait dit à propos de l'influence de Stefanini sur la campagne de Pécresse : « Il faut arrêter avec la légende qu'il a fait gagner des candidats. Il n'a jamais fait gagner Jacques Chirac. C'est Antoine Rufenacht [...] qui était à la manœuvre, et puis la victoire de Jacques Chirac, c'est Jacques Chirac d'abord, et Antoine Rufenacht. Stefanini n'existait pas. Ils lui ont offert à l'époque le gîte et le couvert. [...] Ils lui ont offert des circos en or partout en France, [...] du nord au sud, de l'est à l'ouest, à Paris compris. Il n'en a gagné aucune. Donc les leçons de campagne, il ferait mieux de se les garder. Les losers, ça ne m'intéresse pas[2]. »

De toute manière, la tâche était difficile. Valérie Pécresse est plongée dans le drame existentiel de LR depuis l'élection d'Emmanuel Macron et surtout depuis que Macron s'est droitisé et ne laisse aucun espace politique.

Lors de la primaire pour la présidentielle, Valérie Pécresse incarne l'espoir de retrouver cette place de premier parti de gouvernement. Elle prend comme modèle des femmes insubmersibles : Merkel et Thatcher.

Pour Thatcher, elle s'offre même un jeu de mots : elle sera pour la France « la dame du faire ». Celle qu'on accusait d'avoir été pressentie par Macron pour Matignon, tant il est vrai que les programmes sont similaires, n'a pas la bêtise de nier. Elle se tient sur une ligne qui est : ce que Macron fait, il le fait de façon insuffisante et brouillonne. Moi, j'irai plus loin et je le ferai en mieux.

C'est assez fin en tout cas pour convaincre les militants LR qui lui donnent une victoire assez large contre Ciotti.

Mais ce qui se révèle intelligent pendant les primaires devient un cauchemar dans la campagne elle-même.

Valérie Pécresse se retrouve asphyxiée, littéralement. Son « Je vais faire du Macron en mieux » ne tient pas.

Son électorat naturel file chez le président sortant. Pire, la figure tutélaire de la droite, Nicolas Sarkozy, dont Valérie Pécresse fut deux fois la ministre, ne se décide pas à la soutenir.

Contrainte à une danse du ventre humiliante pour obtenir un signe, s'enlisant dans des meetings qu'elle rate de manière spectaculaire, comme au Zénith où elle apparaît comme un automate, la voix mal posée (ah, cette injustice de la voix chez les femmes politiques), sa campagne n'est qu'une lente descente aux enfers.

J'ai aimé travailler avec Valérie Pécresse avec mon association pour les familles monoparentales, et elle a toujours répondu présente à mes sollicitations. Je n'ai pas retrouvé la même Valérie Pécresse lors de la présidentielle, dans un contexte de très dure concurrence sans doute.

Seule consolation pour celle qui aurait pu, sans aucun doute, faire bonne figure à l'Élysée : avec 4,78 %, son atterrissage est un peu moins brutal que celui de sa vieille rivale régionale, Anne Hidalgo, la maire de Paris, avec son 1,7 %.

Sandrine Rousseau ou les maux pour le dire

Sandrine Rousseau veut notre bonheur et elle est prête à tout pour ça.

Elle pense, comme Saint-Just, que « le bonheur est une idée neuve en Europe » et comme Saint-Just, elle ne répugnerait pas à la Terreur. Elle n'en a pas les moyens politiques mais elle en a les moyens médiatiques.

C'est une bonne cliente, comme on dit dans notre métier. Elle peut provoquer la polémique, déclarer que le voile est un ornement pour les jeunes filles et, dans la même phrase, affirmer son soutien aux féministes iraniennes.

Évidemment, elle choisit ceux chez qui elle délivre sa bonne parole. Certainement pas à CNews, par exemple, qui pour elle représente le dernier cercle de l'enfer de Dante. En fait, elle risquerait simplement d'y être contredite, et Sandrine Rousseau ne peut pas être contredite, puisqu'elle a raison, puisqu'elle combat pour le Bien.

Jack Lang avait eu, lors de l'arrivée de la gauche au pouvoir en 1981, une métaphore hyperbolique qui a l'époque avait fait sourire par sa grandiloquence. Il avait parlé d'un passage « de l'ombre à la lumière ». Pour Sandrine Rousseau, avant elle, ce n'étaient que les ténèbres, et elle seule peut, pauvre femme fragile et héroïque, porter le flambeau de la raison dans ce monde de cauchemar.

Les injustices sociales, les guerres, le capitalisme et même le réchauffement climatique ont un seul coupable : l'homme. Entendez l'homme dans le sens étroit de la masculinité, de la virilité. Et ajoutez aussitôt dans la novlangue orwellienne l'adjectif « toxique », car la virilité ne peut être que toxique. Chaque homme est par essence toxique.

Il faut donc le changer ou le faire disparaître.

Comme le faire disparaître pose encore quelques problèmes techniques et moraux, et que l'idée rencontre une certaine résistance chez les intéressés, on doit donc le « déconstruire », autre concept clé chez Sandrine Rousseau. Pour le déconstruire, il faut s'y prendre très tôt, dès la naissance ou presque : « Je vis avec un homme déconstruit et j'en suis hyper heureuse. Je ne fais pas confiance à des hommes ou femmes qui n'ont pas fait le chemin de la déconstruction[1] », a-t-elle précisé un jour.

On mesure le poids des mots ici. La déconstruction est une obligation si l'on veut vivre dans le monde de Sandrine Rousseau.

Mais qu'est-ce que la déconstruction, chère Sandrine Rousseau ?

C'est une rééducation, comme il y en avait dans les dictatures communistes.

Avant la déconstruction, les hommes ne parlaient pas avec les femmes, ils les dominaient. Ils ne fichaient rien à la maison et ne pensaient, au lit, qu'à leur plaisir. Jusqu'à Sandrine Rousseau, on l'a compris, toutes les femmes étaient dominées, idiotes, malheureuses, au service du mâle.

En plus, comme l'homme est stupide, il se fait du mal à lui-même tant qu'il n'est pas déconstruit. C'est pour cela que ses appétits prédateurs détruisent la planète et l'humanité avec. Chez Sandrine Rousseau, on ne parle plus d'anthropocène, cet âge durant lequel l'humanité tout entière a façonné la Terre, mais d'« androcène ».

La femme n'est pour rien dans la dégradation écologique de la planète. La femme est l'innocence outragée : c'est le mâle qui a tout cassé et qui devient l'unique objet du ressentiment de Sandrine Rousseau, comme Rome était l'unique objet du ressentiment de Camille dans *Horace*.

D'où la nécessité, non pas seulement de l'écologie, mais de « l'écoféminisme ». C'est Sandrine Rousseau qui popularise ce concept créé par une féministe des années 1970, Françoise d'Eaubonne, ensuite intégré à la French Theory dans les universités américaines, et nous revenant aujourd'hui de plein fouet à travers le mouvement woke.

Comme dans toute pensée totalitaire, les propos de Sandrine Rousseau ont besoin d'un bouc émissaire et ce bouc émissaire est l'homme : Sandrine Rousseau se demande si un homme peut être vraiment écologiste. Les deux figures masculines des Verts, Éric Piolle et Yannick Jadot, en ont su quelque chose : à l'université d'été des Verts en 2021, qui prépare les primaires de 2022, Sandrine

Rousseau accuse Piolle de l'avoir bousculée violemment avec ses équipes. Le maire de Grenoble devient le symbole de celui qui tente de dominer par la force. Mais à notre époque panoptique, il y a toujours un téléphone portable qui traîne et qui filme. Sandrine Rousseau a inventé l'incident de toutes pièces.

Il n'empêche : calomniez, calomniez, il en restera toujours quelque chose.

Dans le monde de Sandrine Rousseau, on se comporte comme dans une cour de récréation en employant des méthodes staliniennes. On se croit dans un centre aéré et en fait, c'est déjà un goulag !

Car la pureté idéologique de Sandrine Rousseau n'empêche pas les pratiques politiques dignes des grandes heures du stalinisme : manœuvre d'intoxication, dénonciation publique, victimisation. En septembre 2022, en pleine affaire Quatennens, Sandrine Rousseau se dit qu'il est temps d'en profiter pour se débarrasser d'un adversaire politique encombrant et accuse en direct à la télévision Julien Bayou, patron du parti, de violences psychologiques sur une ancienne compagne.

Elle provoque alors stupeur et tremblement au sein même de son parti : la méthode qui consiste à privilégier un tribunal médiatique aux instances judiciaires ou aux commissions internes du mouvement pour régler ce genre d'affaires peut toucher tout le monde. On se croirait pendant les purges des années 1930 à Moscou.

De fait, Julien Bayou, sans même pouvoir se défendre, est obligé d'abandonner ses fonctions et ne revient plus jamais au premier plan, quand bien même ce n'est que bien plus tard, le 6 mars 2024, qu'une plainte sera effectivement déposée par son ex-compagne. Au contraire, c'était lui, la victime : une boucle WhatsApp de militantes surveillait ce dragueur patenté depuis des années. Bref, Sandrine Rousseau a gagné, se débarrassant d'un rival encombrant.

La dénonciation sauvage, brutale, est une marque de fabrique du clan Sandrine Rousseau. Sa plus proche conseillère s'appelle Alice Coffin. Autrice du *Génie lesbien*, essai qui prône purement et simplement le séparatisme sexuel et social entre hommes et femmes pour penser le monde de demain, elle est une aussi une élue « verte » de Paris.

Alice Coffin a été à l'origine, au moment de l'affaire Matzneff, d'une campagne brutale de dénigrement de Christophe Girard, adjoint et proche d'Anne Hidalgo. Celui-ci a démissionné plus par lassitude que par culpabilité, ce qui est un coup dur pour la maire de Paris, confrontée à cette fraction khmère verte et LGBT de sa propre majorité.

Parmi les autres mots qu'aime à employer Sandrine Rousseau, comme toutes les néoféministes, il y a celui de « sororité ». Cela indiquerait ainsi un rapport particulier qu'entretiendraient les femmes entre elles, loin de la fraternité masculine, toujours toxique, répétons-le. Cela évoque pour Sandrine Rousseau l'image terrifiante d'hommes en train de boire de la bière autour d'un barbecue, le barbecue étant une des fixettes rousseauistes dont le leader communiste Fabien Roussel a fait les frais.

Mais pour Sandrine Rousseau, comme pour le reste, la sororité n'engage que celles qui y croient.

Elle est sèchement battue aux législatives de Lille en 2017. Elle est alors vice-présidente de la faculté, chargée de la vie étudiante, et ses absences sont dénoncées par le pourtant très woke syndicat Solidarités étudiants[2]. Elle décide alors de changer d'air.

Sandrine Rousseau ressemble à ces enfants insupportables qui font tout pour provoquer l'affrontement et quand il est là, se font passer pour des victimes ou accusent les autres de les avoir entraînés. Ce n'est jamais de sa faute, et voilà une adulte qui fonctionne sur le mode : « C'est pas moi, monsieur, c'est l'autre ! » Comme lorsqu'elle se fait huer à une manifestation en faveur des femmes iraniennes qui luttent contre les imams en payant l'impôt du sang, elle, la défenseure du voile « ornemental », et qu'elle ose dire contre l'évidence des images que c'étaient toutes les responsables de gauche présentes qui étaient visées, ce que démentira non sans agacement, images à l'appui, la sénatrice PS Laurence Rossignol.

En 2022, alors qu'elle n'a cessé de polluer la campagne de Jadot qui l'avait battue de justesse aux primaires, elle choisit une circonscription parisienne gagnable puisqu'il n'y aura, en vertu des accords de la Nupes, qu'une seule candidature de gauche, promise aux écologistes.

Le problème, c'est qu'il y a déjà une écologiste, Claire Monod, qui laboure cette circonscription du XIIIe arrondissement depuis des années. Malgré un vote contre l'arrivée de Sandrine Rousseau des militants locaux, Claire Monod est écartée par la direction qui veut absolument calmer Sandrine Rousseau. Claire Monod, écœurée, dira : « Le problème, c'est que sa critique des vieilles pratiques politiciennes s'est révélée en totale contradiction avec ses agissements. [...] C'est de l'insincérité, de la bonne vieille politique à la papa. [...] Quand elle choisit de s'imposer là où une femme travaille un territoire depuis une dizaine d'années, cela m'amène à lui dire *"La sororité, tu t'en souviens ?*[3]*"*. »

On ne saurait mieux résumer les contradictions d'une femme qui aime à l'occasion porter une salopette grise, austère comme un uniforme, et qui nous promet, si elle devait un jour exercer le pouvoir, « un bonheur insoutenable », pour reprendre le titre de la terrifiante dystopie de l'écrivain Ira Levin.

J'aimerais lui trouver des excuses mais à l'heure où je finis ce portrait, alors que Missak et Mélinée Manouchian entrent au Panthéon, notre impénitente twitteuse, qui se sert de ce réseau comme d'une cour martiale, y prouve en plus une inculture ou un désintérêt pour tout ce qui ne tourne pas autour de ses obsessions genrées. Au point, dans ce tweet, de parler du résistant communiste comme d'un Juif alors qu'il ne l'était pas...

Mais elle vous dira, si on ose lui faire remarquer cette bourde, que c'est encore la faute d'un autre, que ce n'est pas elle qui les rédige, qu'elle n'a pas le temps à cause de la charge mentale, etc.

Approximative et cynique, Sandrine Rousseau me paraît être l'exemple typique de ceux qui prétendent défendre une cause en la desservant avec une rare énergie...

Ségolène Royal ou les infortunes de l'orgueil

On raconte que Jacques Chirac, à propos de l'image de lui plus dure véhiculée dans l'opinion que ce qu'il n'était dans la réalité, disait : « Je sais que j'ai une gueule de droite mais on ne peut pas se refaire. »

Est-ce cette malédiction qui aurait poursuivi Marie-Ségolène Royal, née en 1953 à Dakar, à l'époque où le Sénégal était encore la France ? Son père est un militaire, lieutenant-colonel dans l'artillerie de marine. La fratrie est nombreuse et élevée dans un catholicisme strict, parfois dur.

L'avantage est que cela vous donne un maintien inimitable. Paul Morand parlait de *L'Allure de Chanel.* Il y a une allure Ségolène Royal. Un certain port de tête, une façon de se cambrer, une coiffure qui appelle le serre-tête, une forme de pureté presque froide dans l'arrondi du visage où saillent légèrement des pommettes et où pointe un menton, qui indique une forme de volonté confinant à l'ascétisme, un regard clair, qui sait jouer des nuances allant insensiblement de l'amusement à la colère, une bouche bien dessinée, dont la moue, si elle ne se surveille pas, peut vite devenir hautaine.

Il est vrai que l'on entend souvent dire de Ségolène Royal qu'elle sait être méchante. Mais y a-t-il chez les hommes et les femmes politiques quelqu'un qui ait réussi par la bienveillance et la douceur ? On a juste tendance, parfois, à plus facilement reprocher ses griffes à la lionne qu'au tigre.

En tout cas, les paparazzi ont beau avoir essayé, elle n'a jamais été surprise en flagrant délit d'avachissement, de doigt dans le nez ou de somnolence postprandiale sur les bancs d'une quelconque assemblée, d'une université d'été ou d'un premier rang d'un meeting.

Elle garde à chaque occasion un look des plus classique : de ses débuts dans les années 1980, aux côtés de François Mitterrand, aux années 2000, elle affiche le même sérieux et la même rigueur dans la structure de ses vêtements. Les couleurs sont le plus souvent sobres, même si parfois, pour se faire remarquer, elle ose un rouge ou un rose, comme un rappel subliminal de son camp politique.

Même au moment de la présidentielle de 2007, ses audaces sont sages, malgré ses conseillers vestimentaires : elle choisit, avec les tailleurs Paule Ka et les combinaisons Antik Batik, un compromis entre audace et tradition, ce qui finalement correspond à l'image qu'elle veut renvoyer.

Cette éducation à la dure n'a pas empêché la brillante Marie-Ségolène de sortir du carcan familial qui voulait encore, dans les années 1970, que les jeunes femmes de ce milieu fassent un beau mariage. Mais sa famille implose, la mère soumise à ce qu'on appellerait sans doute aujourd'hui un « pervers narcissique » préfère quitter le domicile conjugal, alors dans les Vosges.

Est-ce pour cela que Ségolène Royal se jette à corps perdu dans les études et jamais ne se mariera, ni devant Dieu, ni devant les hommes ? En 1980, elle intègre l'ENA et rencontre François Hollande dont elle a quatre enfants sans jamais qu'il soit question entre eux ni de mariage ni de quelque forme que ce soit d'union civile.

Toujours cette étrange synthèse entre la tradition et la rupture : la famille nombreuse, oui, mais l'union libre.

Ségolène Royal, qui entre au parti socialiste dès 1978 et reste marquée à gauche jusqu'à aujourd'hui, malgré de multiples revirements sur de nombreuses questions, est longtemps la femme de gauche préférée de la droite, au point de se voir la faveur, à plusieurs reprises, de longs portraits et d'entretiens dans *Valeurs actuelles.* Il est vrai que nombre de ses positions ont pris à rebours son propre camp.

À commencer par le parti socialiste, lors de sa candidature de 2007 où elle est la première femme présente au second tour d'une élection présidentielle.

Elle fonde son programme sur ce qu'elle appelle « l'ordre juste », qui est une idée directement empruntée à la *Somme théologique* de Thomas d'Aquin. Pour Ségolène Royal, ce n'est pas forcément l'égalité qui est une valeur cardinale, mais la justice. Une société peut avoir une hiérarchie si celle-ci est fondée sur le mérite.

Elle dit son désir de rétablir le service militaire et que chaque Français pavoise aux trois couleurs de la République balcons et fenêtres à chaque célébration nationale, et pas seulement le 14 Juillet.

Des années plus tard, elle continuera sur cette ligne : au moment du mariage pour tous, en 2013, elle fait part de sa préférence pour un contrat d'union civile renforcée. Et en 2020, elle publie un livre, *Résilience française* (l'Observatoire, 2020), qui est vu comme une charge contre la société multiculturelle et revendique la nécessité de réaffirmer par un plébiscite de chaque jour, aurait dit Renan, l'appartenance de tous à la nation française.

Quant à son féminisme, il reste dans le cadre des combats contre les violences conjugales, mais il n'hésite pas non plus, sur une ligne qui à l'époque n'était défendue que par Christine Boutin, à attaquer frontalement la pornographie qui commence à envahir Internet ainsi que le cynisme des enseignes de vêtements qui vendent des strings pour petite fille alors que la lutte contre la pédophilie est son combat principal quand elle est secrétaire d'État à l'Enseignement scolaire dans le gouvernement Jospin. Et qu'elle tente d'exister dans l'ombre du très massif Claude Allègre, titulaire du portefeuille de l'Éducation nationale…

Le drame de Ségolène Royal, pour celle qui a baigné dans cette culture catholique, est un péché capital : l'orgueil.

Elle est persuadée d'être la meilleure et d'avoir toujours raison. Son audace est démesurée, ce qui en politique est sans doute une qualité nécessaire. Pour la définir, elle a même un couac linguistique qui lui coûte cher, pendant la présidentielle de 2007, lors d'un voyage en Chine où, sur la Grande Muraille, elle parle de sa « bravitude ».

Certes, elle a eu, lors de sa victoire surprise aux primaires du PS en 2006, à lutter contre son propre camp. Frustrés, humiliés, les éléphants du PS n'ont de cesse de lui savonner la planche. Alors qu'elle était candidate et que son compagnon, François Hollande, était secrétaire du PS, on se souvient de la phrase prêtée à Laurent Fabius (mais démentie par lui) : « Mais qui va garder les enfants ? » Une fois sa défaite contre Nicolas Sarkozy consommée, elle se montre très mauvaise perdante contre Martine Aubry dans une bataille sans merci pour le contrôle d'un parti socialiste déjà sérieusement étrillé lors des législatives, et qui en sort terriblement affaibli.

Réduite à jouer les seconds rôles dans les gouvernements Valls et Cazeneuve, elle tente désespérément de revenir sur le devant de la scène. Dans son fief de la région Poitou-Charentes, elle se sent à l'étroit. Elle participe à la primaire citoyenne de 2011 mais finit quatrième et se rallie, bon gré mal gré, à son ancien compagnon. En 2012, une fois Hollande élu, elle veut retrouver un siège à l'Assemblée nationale dans l'espoir de conquérir dans la foulée le perchoir mais, parachutée à La Rochelle, elle est battue par le socialiste sortant dissident Olivier Falorni, lui-même soutenu par la nouvelle compagne de Hollande, une certaine… Valérie Trierweiler.

Les combats de femmes, on l'avait vu dans son affrontement avec Martine Aubry, sont souvent redoutables, et elles n'ont rien à envier aux hommes en matière de mauvais coups. Une femme politique est-elle un homme comme les autres ?

Je ne peux m'empêcher de penser que Ségolène Royal a dû ressentir cette joie mauvaise que les Allemands appellent *Schadenfreude*, lorsque Valérie Trierweiler a été répudiée avec une incroyable goujaterie par François Hollande en 2014.

Sans illusion sur le PS et sur son avenir au sein de ce parti, Ségolène Royal entretient une position ambiguë lors de la campagne présidentielle de 2017. Elle a compris très vite, avec son sens politique habituel, que le jeune Emmanuel Macron allait tout renverser sur son passage. Elle espère même que le nouveau président la reconduira dans ses fonctions de ministre de l'Environnement. Ce n'est pas le cas.

Elle insiste pourtant, en faisant savoir que dans son ancienne circonscription des Charentes, elle votera pour la candidate macroniste LREM contre son ancienne suppléante, la députée sortante Delphine Batho qu'elle a pourtant formée.

Là encore, on voit bien que la « sororité » des féministes s'arrête aux frontières de la politique, où les blessures narcissiques tiennent lieu de tout. Delphine Batho, d'habitude confortablement élue, s'en tire de justesse. On voit que, même dans son pouvoir de nuisance, Ségolène Royal commence à perdre la main.

Elle pourrait, en cette année 2017, prendre du recul, se mettre en réserve de la République, réunir autour d'elle ses amis, elle en a encore, et approfondir sa réflexion. Car, somme toute, cette alliance entre un certain conservatisme républicain et une écologie sociale aurait pu trouver sa place dans un paysage dévasté à gauche comme à droite par le macronisme. Mais elle préfère poursuivre son flirt avec le pouvoir en place et accepte, plutôt que la retraite féconde, une de ces fonctions rémunératrices et prestigieuses qui sont comme un lot de consolation, une méthadone politique pour ceux qui sont en manque de cette drogue dure qu'est le pouvoir.

Elle devient ambassadrice des Pôles.

Un tel titre aurait sans doute plu, par sa poésie involontaire, à notre regretté Jean Raspail, consul de Patagonie pour l'éternité. Mais pour Ségolène Royal, ce poste n'est qu'un pis-aller : elle l'occupe de manière fantomatique, n'assistant à aucune des réunions internationales du Conseil de l'Arctique. Elle publie un livre où elle critique sans trop de précautions Hollande et Macron, disant à quel point elle aurait été meilleure à leur place, notamment sur les questions environnementales.

Elle tente, toujours en vain, d'apparaître comme un recours pour la gauche aux européennes de 2019, puis est démise de ses fonctions d'ambassadrice pour manquement à son devoir de réserve. Aux sénatoriales de 2021, pour représenter les Français de l'étranger, voyant qu'elle ne trouve d'investiture nulle part, elle monte à la hâte une liste qui se fait sèchement étriller.

Depuis, elle semble s'être un peu perdue de vue elle-même. Elle flirte avec Jean-Luc Mélenchon aux présidentielles de 2022, devient chroniqueuse chez notre ami Cyril Hanouna.

On n'est jamais morte en politique. Ségolène Royal pense sans doute déjà, à plus de soixante-dix ans, à la présidentielle de 2027.

Il faudra pourtant qu'elle fasse oublier des erreurs très concrètes et l'incroyable gabegie financière de l'époque où elle était présidente de la région Poitou-Charentes. Impayés massifs, dérapage des frais de fonctionnement et de la dette, recours abusif aux emprunts toxiques : c'est son successeur, pourtant socialiste, Alain Rousset qui en 2016, à la tête de la nouvelle super région Nouvelle-Aquitaine, avait annoncé après un audit que sans ce redécoupage régional, l'ancienne région de Ségolène Royal aurait été déclarée en faillite.

Sans compter qu'à l'époque où elle est ministre de l'Environnement, Ségolène Royal fait à nouveau preuve de son inconséquence en matière financière, notamment avec la désastreuse affaire de l'écotaxe finalement annulée devant le mouvement des bonnets rouges. Les portails sur les autoroutes, prévus pour percevoir une taxe qui ne vit jamais le jour, ont coûté, au bas mot, plusieurs milliards d'euros…

Elle partage finalement avec Alain Juppé cette certitude que les Français commettent une erreur en ne voulant pas d'elle. Et, à nouveau, Ségolène Royal me fait penser à *L'Allure de Chanel* de Paul Morand (publié chez Hermann en 1976). Il a tracé par anticipation, en faisant parler la célèbre couturière, ce qui paraît définir parfaitement Ségolène Royal, pour le pire et le meilleur : « C'est la solitude qui m'a trempé le caractère, que j'ai mauvais, bronzé l'âme, que j'ai fière, et le corps, que j'ai solide. Ma vie, c'est l'histoire – et souvent le drame – de la femme seule, ses misères, sa grandeur, le combat inégal et passionnant qu'elle doit mener contre elle-même, contre les hommes, contre les séductions, les faiblesses et les dangers qui surgissent de toutes parts. »

Marlène Schiappa
ou l'exubérance

À la fin du mois de janvier 2024, Marlène Schiappa, qui a été près de sept ans ministre d'Emmanuel Macron, entre mai 2017 et juillet 2023, fait paraître sur le réseau social LinkedIn un long post où elle annonce son inscription à l'EM Lyon Business School, une école de commerce réputée.

Ce post résume assez bien le caractère de Marlène Schiappa, un caractère bien trempé où la franchise et la provocation font souvent bon ménage. Elle y déclare notamment : « J'ai toujours eu la conviction qu'il fallait se former tout au long de sa vie. Les savoirs évoluent, la théorie aussi, les enjeux varient, et avoir été formé il y a dix, vingt, trente ans dans un domaine donné ne devrait plus aujourd'hui être considéré comme suffisant. »

Cette jeune quadra flamboyante, rieuse, décomplexée, ajoute : « À vingt et un ans, j'ai suivi une formation continue sur la production. À vingt-six ans, j'ai passé une validation des acquis de l'expérience pour être diplômée de communication et nouveaux médias, secteur dans lequel j'exerçais.

(Merci Université Grenoble Alpes !). À trente ans, j'ai entamé un master de lettres modernes (Merci Flaubert !). »

Se former semble avoir été une obsession gourmande chez elle. Elle confie même, toujours dans ce post LinkedIn : « Quand je suis entrée au gouvernement, j'ai voulu me former aux enjeux géopolitiques et de diplomatie : j'étais amenée à présider un G7 égalité en France, des Conseils de sécurité aux Nations unies, à représenter le gouvernement partout dans le monde, de l'Afrique aux États-Unis en passant par les pays de l'Est et les instances multilatérales. J'ai donc initié les démarches nécessaires auprès de Sciences Po Paris. Mais un journaliste a entendu parler de mon projet et a menacé de publier un article sur le fait que se former, c'était forcément un aveu d'incompétence sur le sujet[1]... »

Naïveté ou honnêteté ? Ou un mélange des deux ?

C'est là tout le mystère de la personnalité de Marlène Schiappa. Peut-on lui donner tort de vouloir être compétente dans le domaine gouvernemental qu'on lui demande d'exercer ? Ou ne fallait-il pas y penser avant ?

Quant à ce journaliste qui l'aurait menacée de publier un article sur cette démarche, n'est-ce pas l'illustration des rapports que Marlène Schiappa entretient avec les médias, qu'elle a utilisés, selon ses détracteurs, pour sa promotion personnelle, car c'est une remarquable communicante ? Mais les médias, en retour, ne lui ont rien passé.

Edgar Faure écrivait des romans policiers, Édouard Philippe aussi, quant à Valéry Giscard d'Estaing, on lui doit des romans avec quelques scènes de sexe assez chaudes, ou une romance imaginaire avec la princesse Diana. Dans les médias, on en a souri. Avec Marlène Schiappa, on a été féroce, car notre nouvelle étudiante lyonnaise qui travaille sur « les enjeux liés à la gouvernance des entreprises et à la durabilité » est aussi une écrivaine, certains diraient une graphomane, qui a publié une quarantaine de livres dont dix pendant la période où elle a été ministre.

Elle a ainsi largement battu le record de Bruno Le Maire qui, à Bercy depuis 2017, s'est contenté de six publications.

Mais là où le ministre de l'Économie écrit une scène érotique par-ci par-là, Marlène Schiappa, elle, a œuvré franchement dans le genre, sous le pseudonyme de Marie Minelli et même sous son propre nom, dans la collection des manuels érotiques de La Musardine, où elle a publié un *Osez l'amour des rondes*. On peut penser que cela manque de sérieux, on peut aussi estimer que dans la mesure où Marlène Schiappa fait la part des choses, il n'y a pas de quoi fouetter un chat. On peut aussi penser que c'est courageux.

Mais justement, l'exubérance de Marlène Schiappa lui a-t-elle toujours permis de faire la part des choses ? Ne s'est-elle pas laissée déborder par son désir de paraître, qui a sans doute caché sa vraie personnalité. Ainsi, quand elle pose pour *Playboy*, en mars 2023, à quel jeu joue-t-elle, se demandent certains ?

Marlène Schiappa est apparue dans le sillage d'Emmanuel Macron en 2017. Il la nomme secrétaire d'État chargée de l'Égalité entre les femmes et les hommes. D'emblée, elle va faire ce qu'elle sait très bien faire. Le buzz.

Elle se promène en robe dans les rues du quartier de la Chapelle pour prouver que la police empêche partout et à toute heure « le harcèlement de rue ». Opération de pure communication, puisqu'elle avait ses gardes du corps avec elle. Les féministes apprécient moyennement et voient déjà ce qui sera une caractéristique du macronisme : un affichage qui permet de masquer la réalité.

Mais le mouvement #MeeToo déferle sur la France et, en femme politique avisée, elle surfe sur la vague. Elle fait avancer par la loi toute une série de mesures qui sont parfois des gadgets inefficaces, comme la verbalisation du harcèlement de rue, y compris pour « des regards insistants ».

Mais son Grenelle des violences conjugales aboutit, contrairement à tant d'autres Grenelle, à des mesures concrètes : numéro de téléphone dédié, hébergement et allocation d'urgence, formation des policiers... Pour avoir travaillé avec elle avec mon association pour les familles monoparentales, j'avoue avoir également trouvé une femme de dossier et d'action. Elle a été d'une grande efficacité. Une loi en est sortie pour aider à la récupération de la pension alimentaire pour les familles monoparentales. Alors, femme de buzz, insistent certains, mais aussi, pour moi, femme de dossier et même femme de courage.

D'où vient cette jeune femme, pas franchement végane avec sa passion pour les steaks-frites et qui refuse les conseils de relooking, préférant laisser libres ses cheveux et acheter du prêt-à-porter bas de gamme pour rester fidèle à son identité et à ceux qu'elle veut défendre ? Comment est-elle apparue dans le sillage d'Emmanuel Macron, qui l'a longtemps protégée, sans doute pour son côté disruptif, tout en la trouvant agaçante et maladroite ?

Elle a pour parents des enseignants trotskistes engagés dans la fraction la plus dure de cette mouvance, les lambertistes, là d'où vient entre autres Jean-Luc Mélenchon. D'ailleurs, son père, Jean-Marc Schiappa, qui a la rudesse corse alliée à la rigueur politique, est l'actuel directeur de l'institut de formation de LFI et a participé activement à la présidentielle de 2022.

On imagine les repas de famille. C'est pourtant avec lui qu'elle choisit de rester, adolescente, après le divorce de ses parents.

Après des études plutôt modestes, Marlène Schiappa, qui vit au Mans, devient avant l'heure une influenceuse remarquée avec un blog « Maman travaille ». Cela suffit pourtant à la faire entrer en politique : elle arrive dans les locaux de la campagne municipale de 2014 avec sa poussette et propose au culot ses services à l'équipe du maire socialiste sortant, Jean-Claude Boulard.

Elle se retrouve adjointe chargée de l'Égalité, déjà, et conseillère communautaire. En 2016, elle fait même brièvement sa première expérience des antichambres du pouvoir en étant chargée de mission auprès de Laurence Rossignol, ministre de la Famille du gouvernement Valls.

Ralliée à Emmanuel Macron, elle a une « tchatche » qui est d'abord moquée par les « technos » avant que le futur président, qui a du flair, ne s'aperçoive qu'elle est une redoutable chauffeuse de salle et lui fasse faire l'ouverture de ses meetings de campagne.

Mais décidément, elle gêne, avec sa manière de prétendre parler avec tout le monde, y compris les médias réprouvés par la gauche bien-pensante. On l'a vue sur les plateaux de CNews, elle a donné des entretiens à *Valeurs actuelles*, elle a fait la une de *Causeur*, elle est passée chez Cyril Hanouna. Elle va même, sur son terrain, débattre avec Zemmour, c'est-à-dire avec le diable incarné.

C'est que le féminisme de Marlène Schiappa se marie avec une conception rigoureuse de la laïcité, et elle est très claire sur l'interdiction du port du voile. Il y a aussi qu'elle refuse qu'on chasse en meute sur les réseaux sociaux : elle défend, alors qu'ils sont accusés de viol, Nicolas Hulot et Gérald Darmanin, qui est son ministre de tutelle depuis qu'elle a été nommée ministre déléguée chargée de la Citoyenneté.

Elle défend également les lois sur le séparatisme. Ça ne plaît pas à la presse de gauche où on peut lire des éditoriaux à son sujet intitulés : « Fausse bimbo et vrai petit soldat ».

On l'accuse même de se servir de son ministère pour faire la promotion de ses livres, de mener la vie impossible à ses collaborateurs, sauf les plus jeunes, séduits, qui disent avoir l'impression de travailler pour Madonna.

Elle qui a été réellement marquée par l'assassinat de Samuel Paty est obligée de démissionner après une audience désastreuse devant une commission sénatoriale au sujet de l'affaire dite « du fonds Marianne », un fonds visant à aider les associations de lutte contre l'islamisme ou le séparatisme. Elle ne s'est pas enrichie personnellement mais elle n'a pas non plus surveillé qui touchait quoi. Emmanuel Macron essaie de garder celle qu'il considère un peu comme un porte-bonheur, mais à l'occasion du remaniement de juillet 2023, elle disparaît des écrans radars.

Alors, notre étudiante lyonnaise, qui aimait à l'occasion, comme une ado, vanter le lissage brésilien sur TikTok, aime-t-elle assez la politique pour vouloir revenir un jour ?

Je parierais que oui.

Malgré l'importance secondaire des ministères qu'elle a dirigés, cette femme qui maîtrise tous les codes de la communication, et les technologies qui vont avec, a laissé quelque chose qui est assez rare en politique : une image.

Une image qu'on déteste ou qu'on adore, mais une image.

Christiane Taubira ou le wokisme avant l'heure

Christiane Taubira est un miroir.

La gauche aime s'y contempler. Cette femme noire, au visage marmoréen de statue, est charismatique et cultivée. Son débit est bien particulier, son phrasé est presque scandé, sa coiffure est comme un casque d'Athéna où le chignon commande aux tresses collées pour rappeler le berceau africain de la Guyanaise la plus célèbre de France.

Et pour la gauche, cette femme a été, sous le quinquennat Hollande, une bonne conscience et un remords.

La nommer place Vendôme, c'était montrer qu'on restait fidèle à la diversité. Mais Christiane Taubira était aussi un remords pour une gauche qui se condamnait à des réformes uniquement sociétales.

Elle a permis entre 2012 et 2016, comme ministre de la Justice, de donner l'illusion que le hollandisme restait un progressisme, notamment, en 2013, en faisant de la loi sur le mariage pour tous un abcès de fixation afin de susciter un choc frontal avec la droite.

Cette mesure, votée à la même époque en quelques jours au Royaume-Uni par la majorité conservatrice de David Cameron, est en France l'occasion d'une de ces guerres civiles à blanc qui, durant de longs mois, divise le pays en faisant descendre dans la rue des centaines de milliers d'opposants sous la bannière de La Manif pour tous.

On n'avait pas vu une telle polarisation entre deux camps depuis les grandes manifestations pour la défense de l'école privée en 1984.

La loi sur le mariage pour tous fait de Christiane Taubira une icône de la gauche en face des vilains réactionnaires. On retrouvait grâce à elle le sentiment d'être du bon côté de l'histoire. La manœuvre réussit, au moins pendant un temps, notamment grâce à la pugnacité lyrique de Christiane Taubira, dressée dans l'hémicycle face à l'opposition.

Et il est vrai qu'elle fut brillante, tour à tour drôle ou émouvante, oratrice hors pair, citant à la fin de son discours de présentation de la loi, le 29 janvier 2013, le poète guyanais Léon-Gontran Damas :

> *L'acte que nous allons accomplir est beau comme une rose dont la tour Eiffel assiégée à l'aube voit enfin s'épanouir les pétales. Il est grand comme un besoin de changer d'air, il est fort comme le cri aigu d'un accent dans la nuit longue.*

Elle y gagne même un certain respect de ses opposants, bluffés par cette femme victime par ailleurs d'attaques racistes impardonnables, comme lorsqu'elle est comparée à un singe, mais des attaques racistes qui sont aussi l'occasion, grâce à une communication soignée, de parfaire son image de première résistante aux pulsions obscures d'un pays qui a du mal avec son passé colonial.

Plutôt que de débattre avec cette France, Christiane Taubira décide, dans ces années-là, de la stigmatiser, voire de la provoquer en bonne politique qu'elle est, appliquant un principe de Sun Tzu (dans son ouvrage *L'Art de la guerre*) : « Forcer l'ennemi à dévoiler son dispositif. » Ainsi, alors qu'elle est encore ministre, elle donne une conférence à l'EHSS sur la mémoire de l'esclavage. Si elle récuse toute réparation financière, parce que la souffrance infligée par les esclavagistes n'est pas quantifiable, elle accrédite l'idée d'un racisme structurel. Cela fait de Christiane Taubira une annonciatrice de ce qu'on n'appelait pas encore l'idéologie woke.

Au ministère de la Justice, elle trouve aussi de quoi exercer sa vision de la société à travers une nouvelle réforme du Code pénal. Christiane Taubira appartient à cette gauche rousseauiste pour laquelle c'est la société qui est responsable. Malgré une solidarité gouvernementale de façade, Valls, à l'Intérieur, tente de circonvenir le projet et encourage les syndicats de police avec lesquels il a déjà de bonnes relations à exprimer leur mécontentement.

Christiane Taubira ne tremble pas et la loi est adoptée en janvier 2014, supprimant notamment les peines planchers. Elle affiche clairement sa volonté d'instaurer des solutions alternatives à l'emprisonnement, avec des mesures de semi-liberté et des bracelets électroniques.

Christiane Taubira triomphe, sans se rendre compte qu'elle va à rebours d'une opinion inquiète, en demande de sécurité. Mais elle définit elle-même sa philosophie sur la question, avec une manière de désinvolture autoritaire qui n'appartient qu'à elle : « M. Sarkozy n'occupe pas mon esprit. Et pensez-vous qu'après tant d'années de vie publique je me ferais du tort en proposant aux Français un texte bancal et idéologique ? Non, je souhaite supprimer les peines planchers parce qu'elles sont automatiques et contraires à l'individualisation des peines, dont l'efficacité est reconnue. L'important est que mon projet de loi soit bon et bien écrit[1]. »

Les relations se tendent encore avec Manuel Valls, devenu entre-temps Premier ministre.

Ce qui est à mon avis révélateur, c'est que ce duel feutré mais impitoyable entre lui et Christiane Taubira illustre déjà la théorie que Valls mettra en avant quelques années plus tard, celle des « deux gauches irréconciliables ».

Il est clair pour moi que le gauchisme culturel de Christiane Taubira annonce non seulement le wokisme mais aussi l'actuelle radicalisation de LFI sur des positions indigénistes.

D'ailleurs, la cohabitation ne dure pas longtemps entre le nouveau Premier ministre et la nouvelle égérie des frondeurs. Alors qu'il est question d'une loi sur la déchéance de la nationalité dans la foulée des attentats du 13 novembre 2015, Christiane Taubira fait preuve de son habileté manœuvrière.

Radicalement opposée à cette loi, qui d'ailleurs ne passera pas, elle veut aller plus vite que la musique et sans prévenir le chef du gouvernement annonce, lors d'un entretien sur une radio algérienne (on appréciera le sel de la chose), que ce projet a déjà été abandonné par le gouvernement.

Manuel Valls, excédé, demande sa tête à Hollande.

Hollande tergiverse, il se souvient de la candidature de Taubira en 2002, de ses 2 %. Ce n'est pas grand-chose, 2 %, mais cela avait suffi à faire chuter Lionel Jospin dès le premier tour.

Et puis Hollande, qui n'est pas dépourvu d'intelligence politique, de cette intelligence d'ancien apparatchik du PS, préférerait voir Christiane Taubira dedans que dehors. Dehors, elle rejoindra immanquablement les frondeurs, ces ministres qu'il a dû exclure du gouvernement en août 2014, déjà sur la demande de Manuel Valls qui avait mis en jeu sa propre démission : Arnaud Montebourg, Aurélie Filippetti, Benoît Hamon, partisans bruyants d'une autre politique économique.

Comme pour accentuer la provocation, Christiane Taubira pendant ces heures cruciales en rajoute : « Hollande n'est pas mon patron, Valls n'est pas mon chef », dit-elle, paraît-il, dans les off avec des journalistes.

Elle a sans doute déjà fait son choix. L'orientation qu'elle estime droitière de Valls lui paraît une impasse.

On perdra encore à gauche sans vraiment gagner à droite, l'électeur préférant toujours l'original à la copie.

De fait, cette « grande manipulatrice », comme certains la surnomment, se fait volontairement exclure. D'autres soulignent l'intelligence de sa stratégie.

Si elle a un avenir, pense-t-elle, c'est avec les frondeurs, elle se voit déjà fédératrice de tous ces orphelins. Évidemment, le surgissement d'Emmanuel Macron vient rendre obsolètes ces calculs sur les divisions d'une gauche qui bientôt n'existera plus que sous la forme d'un petit archipel dont Jean-Luc Mélenchon deviendra le maître pour longtemps.

Car Christiane Taubira, l'humaniste, la spécialiste de la littérature-monde, la femme qui connaît par cœur non seulement Léon-Gontran Damas mais également les deux autres grandes voix de la négritude, Césaire et Senghor, aime aussi le pouvoir.

Elle ne l'a jamais avoué comme ont pu le faire, de manière presque candide, Sarkozy et Macron, mais son parcours depuis ses débuts, ses louvoiements habiles montrent qu'on peut être une femme au verbe lyrique et, en même temps, ne pas hésiter à des accommodements avec les grands principes.

Jugez plutôt : elle commence dans les rangs indépendantistes mais abandonne cette voie anticolonialiste qui lui apparaît comme une impasse au moment de l'élection de François Mitterrand en 1981.

Se rallie-t-elle pour autant à la gauche ? Ce serait trop simple. Elle préfère cofonder avec son mari de l'époque, dont elle aura quatre enfants, Walwari, un petit parti guyanais et se faire élire en 1993 députée non inscrite de Guyane pour siéger dans le groupe « technique » République et liberté, qui mêle des députés de tous les horizons. Elle vote même pour l'investiture du gouvernement d'Édouard Balladur…

Cela ne l'empêche pas aux élections européennes de 1994 d'accepter la proposition des radicaux de gauche, toujours en quête de figures atypiques, et de constituer une liste commune avec Bernard Tapie, ce « joker » sulfureux du mitterrandisme finissant. Elle est élue et cumule sans complexe son siège à l'Assemblée nationale avec celui de députée européenne.

L'intime va se mêler au politique quand son mari se présente seul aux élections régionales en Guyane, lassé de l'omniprésence politique de sa femme. Un divorce s'ensuit. Elle confie, plus tard, qu'il s'est agi là de son plus grand chagrin personnel.

On est en 1998, elle a été réélue députée en 1997 et devient proche de Lionel Jospin jusqu'en 2001 où elle quitte le groupe PS pour siéger avec les radicaux de gauche. Elle fait voter, à cette époque, une loi qui porte son nom et qui fait reconnaître la traite négrière comme crime contre l'humanité. Première loi woke, en quelque sorte, critiquée par nombre d'historiens pour le caractère anachronique d'une telle appellation.

Que retenir d'une vie politique aussi contrastée ? Que cette femme tour à tour brillante et calculatrice, chaleureuse et parfois sans pitié (ses détracteurs aiment souligner qu'elle use ses collaborateurs et des directeurs de cabinets à la chaîne, allant jusqu'à être condamnée aux prud'hommes pour licenciement injustifié), est complexe à appréhender.

Une cohérence *a posteriori* peut apparaître : elle a préparé le terrain du wokisme actuel et a tenté jusqu'au bout de peser à gauche, allant même lors de la présidentielle de 2022 jusqu'à essayer de fédérer tardivement un camp éparpillé. Malgré les efforts d'une petite base de fans, ce ne fut qu'un tour de piste décevant.

Le dernier ? Pas si sûr.

Prisca Thevenot ou la « marcheuse » de la première heure

Jusqu'à sa nomination comme porte-parole du gouvernement, Prisca Thevenot n'était connue que de ceux qui suivent les talk-shows des chaînes d'info en continu.

Cette trentenaire d'origine mauricienne, née en 1985, était un de ces visages purement médiatiques de la macronie, chargée de défendre avec une foi indéfectible le pouvoir en place sur les plateaux de toutes les chaînes, sans exclusivité. Je le précise, car ce n'est plus si évident aujourd'hui où nombre de représentants de la gauche mais aussi de la macronie refusent de participer aux émissions de CNews, par exemple.

On dit souvent qu'Emmanuel Macron a fait émerger, lors de la création d'En Marche en 2016, une nouvelle génération. C'est à la fois vrai et faux.

Faux parce que nombre de ces nouveaux visages avaient déjà un passé politique derrière eux, soit à droite, soit à gauche, et trouvaient en Emmanuel Macron une possibilité d'accélérer une carrière qui sans lui aurait dû suivre ce que les Romains appelaient le *cursus honorum*, c'est-à-dire un parcours obligé, aux étapes plus ou moins longues, pour accéder progressivement à des responsabilités de plus en plus importantes.

L'exemple le plus emblématique en matière de femmes politiques étant, on l'a vu, Aurore Bergé qui, toute jeune qu'elle soit – elle a le même âge que Prisca Thevenot à un an près –, avait déjà une longue carrière, assez manœuvrière au demeurant, du côté de la droite dont elle avait servi tour à tour les principaux leaders. Sans compter, parmi ces macronistes opportunistes, les « hommes pressés », chers à Paul Morand, comme Gérald Darmanin, Édouard Philippe ou Bruno Le Maire, ou bien à gauche les chevaux de retour qui n'avaient pas eu la place qu'ils estimaient mériter au sein du PS, comme Richard Ferrand ou Gérard Collomb.

Prisca Thevenot, elle, était une femme authentiquement neuve. Le problème, c'est que la nouveauté, en politique comme ailleurs, ne dure que ce que durent les roses. Prisca Thevenot va vite apprendre, trop vite. Caractéristique de la macronie : la vitesse à laquelle elle vous transforme l'innocence et la candeur des premiers convertis en un cynisme qui dépasse parfois celui des vieux routiers de l'ancien monde.

Elle est la fille unique d'immigrés de l'île Maurice venus terminer leurs études en France et qui s'installent à Stains, en Seine-Saint-Denis. Elle n'hésite pas d'ailleurs, sans peur de la contradiction, à mettre son origine ethnique et sociale en avant, parfois pour en parler comme d'un moment heureux, parfois pour prouver qu'elle connaît les discriminations et qu'elle sait ce que cela signifie. Elle aime évoquer ses jeux d'enfant et les familles qui s'interpellaient d'un balcon à l'autre. Mais elle n'hésite pas à déclarer : « Je suis du 93, je suis une fille d'immigrés qui a fait toutes ses études en ZEP… Ces stéréotypes, je les vis, cela m'est arrivé d'enlever une partie de mon nom ou mon adresse postale sur un CV[1]. »

Cela ne l'empêche pas au moment de la loi immigration de ne pas trembler, et on peut penser que c'est sa naissance mauricienne qui lui a inspiré cette métaphore : « La France n'est pas une île au milieu de l'Océan » avant d'ajouter que cette loi est « une proposition radicale par rapport à tout ce qui a été présenté jusqu'à présent » et que « la position de la majorité est très claire : fermeté sur nos frontières et nos valeurs »[2]. Le moins qu'on puisse dire est qu'entre la fronde de l'aile gauche et le détricotage par le Conseil constitutionnel Prisca Thevenot s'est montrée pour le moins optimiste.

Mais l'optimisme et la confiance en soi sont des vertus chez celle qui se présente comme « un pur produit de l'école de la République[3] ».

Derrière cette formule toute faite se cache malgré tout une certaine vérité. Elle intègre après son baccalauréat une classe préparatoire au prestigieux lycée Saint-Louis-de-Gonzague, puis l'EM Lyon Business School dont elle sort diplômée en 2009.

Cela lui permet de devenir consultante et d'apparaître comme un parfait exemple de ces chevau-légers de la *start-up nation* chère à Emmanuel Macron.

En 2017, elle fonde ainsi Beauty@home, une application pour smartphone qui permet en seulement quelques clics d'accéder à une liste de professionnels de beauté répondant à vos besoins. Et en 2018, elle crée Civil Impact, « un incubateur politique apartisan », je cite, « qui permet à ceux qui veulent s'impliquer mais ne maîtrisent pas les codes de la vie politique d'acquérir les bases nécessaires pour œuvrer en faveur de l'intérêt général ; et ramener ceux qui se sont désintéressés de la politique vers une réappropriation de l'action publique[4] ».

Autant dire, sous forme d'association 1901, un bureau de recrutement pour apprentis macronistes. La *start-up nation* comme instrument de propagande, Macron en avait rêvé, Prisca Thevenot l'a fait.

Mais en 2016, quand elle répond à l'appel d'offres d'Emmanuel Macron, celle qui n'a jamais fait de politique est assez vite repérée pour son talent de communicante et son aisance. Elle est cornaquée par Jacques Attali qui a toujours su repérer les pousses prometteuses, et elle est envoyée aux législatives de 2017 pour tenter, sans succès, de déboulonner la députée du cru et ancienne secrétaire nationale du PCF, Marie-George Buffet.

Qu'importe, elle est une porte-parole du parti présidentiel et se fait élire conseillère régionale d'Île-de-France en 2021, où elle s'oppose avec une certaine mauvaise foi à Valérie Pécresse en lui reprochant de davantage s'occuper des primaires de la droite que de la région dont elle est présidente.

Tout cela lui vaut, lors de la réélection du président Emmanuel Macron, un beau cadeau pour les législatives de juin 2022 : la huitième circonscription des Hauts-de-Seine, ce département devenu un des plus macronistes de France.

Une circonscription en or où l'on trouve Chaville et Meudon. Le problème est que le sortant est un député… macroniste, Jacques Maire, ancien diplomate, qui n'a pas démérité mais a peut-être eu le tort de dire plusieurs fois que le gouvernement penchait trop à droite pour lui.

Il n'est pas réinvesti, Prisca Thevenot jouant sans trop de scrupules le « Pousse-toi de là que je m'y mette ».

Comme quoi, en politique, on prend vite les mauvaises habitudes, y compris celles de jouer sur du velours. Qui ira reprocher du côté des progressistes de remplacer un homme blanc de plus de cinquante ans inexistant médiatiquement par une femme jeune issue de la diversité ? Jacques Maire fait planer quelques jours la menace d'une candidature dissidente puis renonce, comprenant sans doute qu'il n'est plus dans le sens de l'histoire.

C'est en juillet 2023, enfin, que, lors du remaniement, Prisca Thevenot devient secrétaire d'État chargée de la Jeunesse et de ce serpent de mer qu'est le Service national universel. Prisca Thevenot prend la place de Sarah El Haïry, autre jeune femme issue de la diversité mais aussi du Modem, l'allié parfois turbulent d'Emmanuel Macron, qui se trouve alors reléguée à la Biodiversité avant d'être nommée à l'Enfance, de la Jeunesse et des Familles.

En janvier 2024 arrive la consécration, puisque Prisca Thevenot devient porte-parole du gouvernement à la place d'Olivier Véran qui a cessé de plaire. À son portefeuille est ajouté celui du Renouveau démocratique. Renouveau démocratique, peut-être, mais vieilles méthodes, sans aucun doute.

Elle fait d'ailleurs bien partie, désormais, de ceux que certains appellent « la caste ». Son mari, dont elle a deux garçons, est banquier d'affaires pour le Crédit suisse et a accepté un mandat de conseil stratégique pour EDF en février 2023. Ce qui l'a contrainte à être déportée sur les sujets en rapport avec l'énergéticien pour prévenir les conflits d'intérêts, ces conflits d'intérêts devenus presque banals en macronie.

Mais qu'importe puisqu'elle déclare, tout à son bonheur : « J'ai un mari qui me soutient énormément. Il a aussi une vie professionnelle bien remplie, il n'est pas en politique, mais il me laisse l'opportunité de le faire. »

Prisca Thevenot me fait finalement penser à ce beau poème de Paul-Jean Toulet, amoureux de l'île Maurice :

Elle est noire, c'est vrai. Corail ni jameroses
Ne rient dans sa figure, ou l'or non plus des blés.
Mais, les charbons sont noirs comme elle. Allume-les :
On dirait un buisson de roses.

Un buisson de roses, certes, mais avec des épines tout de même.

Najat Vallaud-Belkacem ou la troisième génération

En choisissant ce titre, je fais allusion à une déclaration de Najat Vallaud-Belkacem elle-même, le 30 novembre 2012, alors qu'elle est ministre des Droits des femmes, après une réunion du comité interministériel sur cette question, une question décrétée prioritaire par un François Hollande bien décidé à faire du sociétal plutôt que du social pour continuer de faire croire à l'électorat qu'il est encore de gauche.

Ce 30 novembre 2012, donc, Najat Vallaud-Belkacem conclut cette réunion de la manière suivante : « Après la première génération, celle du droit de vote et de la citoyenneté, puis celle du droit des femmes à disposer de leur corps, l'ensemble du gouvernement se mobilise pour faire l'égalité réelle. Ensemble, nous allons porter une nouvelle culture de l'égalité femmes-hommes dans toutes les institutions de la société : l'école, la famille, l'administration publique, le Parlement, l'entreprise, les médias, les associations, les mouvements d'éducation populaire, les fédérations sportives[1]... »

Si nous relisons une grosse décennie plus tard cette feuille de route, on comprend qu'il ne s'agit pas seulement de mesures politiques mais d'une véritable offensive qui prépare le terrain au wokisme.

De fait, on voit déjà une forme de pulsion totalitaire dans l'idée d'une « nouvelle culture » et dans l'énumération de ce qui concerne la plupart des secteurs de l'existence privée et publique. Seuls ceux qui n'avaient pas compris l'ampleur du projet de Najat Vallaud-Belkacem seront choqués, des années plus tard, par l'effrayante déclaration de Sandrine Rousseau : « Le privé est politique[2]. »

Avec Christiane Taubira, Najat Vallaud-Belkacem est l'autre visage, charmant certes mais impitoyable, d'un projet encore plus anthropologique que politique.

Quand elle est nommée ministre dans la foulée de l'élection de Hollande, il est clair qu'on veut faire d'elle, d'emblée, un poids lourd de ce « hollandisme révolutionnaire[3] », comme le nommera Emmanuel Todd, qui signe le retour de la gauche au pouvoir après dix ans d'absence.

L'intitulé de son ministère est élargi, elle est ministre des Droits des femmes, mais aussi bientôt de la Ville, de la Jeunesse et des Sports. Tout cela est doublé par la fonction stratégique de porte-parole du gouvernement, ce qui la fait connaître des Français puisque, chaque semaine, c'est elle qui fait le compte rendu à la presse du Conseil des ministres.

À l'étranger, le *Guardian* fait d'elle, en 2012, un des nouveaux visages de la France. Et elle apparaît dans le classement des Young Leaders, censé faire apparaître les personnalités d'avenir dans le cadre du dialogue transatlantique. Il y a de quoi sourire quand on sait que cette entreprise de « détection » d'une socialiste pur jus est parrainée par quelques fleurons du capitalisme comme la banque JP Morgan.

Une telle importance politique accordée à une jeune femme, qui n'a pas à l'époque trente-cinq ans, n'est pas sans provoquer des jalousies et des aigreurs. On nous dira que ce n'est pas le propre des femmes en politique que d'exprimer sa rancœur devant une réussite que l'on croit illégitime.

C'est vrai, mais il n'empêche que si Najat Vallaud-Belkacem est de plus en plus férocement attaquée par la droite et la droite nationale, parfois jusqu'à l'injustice, la première déclaration violente à son égard vient de Ségolène Royal en 2013 quand on lui demande de témoigner dans *Le Point* à l'occasion d'un portrait de cette nouvelle ministre star qui avait été par le passé sa porte-parole de campagne : « J'ai toujours voulu des ouvriers, des exclus, des jeunes issus de la diversité autour de moi. Najat doit accepter d'être là pour ça[4] », assure dans *Le Point* l'ex-candidate PS à la présidentielle de 2007 et à la primaire socialiste en 2012.

Écartée par François Hollande sous l'influence de Valérie Trierweiler, Ségolène Royal se lâche : « Elle s'appellerait Claudine Dupont, elle ne serait peut-être pas là. Elle doit assumer son identité et en être fière[5]. » On imagine les réactions à de tels propos s'ils avaient été tenus par Jean-Marie Le Pen ou sa fille. De plus, cette déclaration est pour les initiés à double effet.

En demandant à Najat Vallaud-Belkacem « d'assumer son identité », Ségolène Royal gêne la ministre qui n'a de cesse de refuser qu'on la renvoie à ses origines. Cette fille d'un ouvrier du bâtiment marocain, qui a la double nationalité et qui n'est française que depuis 1995, après avoir rejoint son père en 1982 au nom du regroupement familial, préfère se présenter comme un produit de la méritocratie républicaine, ce que d'ailleurs elle est.

Elle grandit à Amiens dans une famille de sept enfants, mais pas dans les mêmes quartiers qu'Emmanuel Macron qui a le même âge qu'elle. Elle apprend le français tardivement, elle refuse de s'appesantir sur son enfance rurale dans le Rif, au milieu de ce qu'elle a appelé un « islam rural » dans son autobiographie sortie en 2015 et intitulée *La vie a plus d'imagination que toi* (publiée chez Grasset) : « Je suis née à Beni Chiker, dans un petit village au nord du Maroc, à quelques kilomètres de l'enclave espagnole de Melilla. Aujourd'hui, c'est une petite ville de cinq mille habitants, mais en 1977 nous étions une centaine. Peut-être moins. Je me souviens : quelques maisons de chaux blanche. Des troupeaux. Une terre aride, des pierres. Une herbe rare, ici et là, comme du lichen. Des buissons. Ni eau courante ni électricité à la maison. Et partout, le soleil qui frôle, qui brûle, qu'on ne voit plus, le soleil en son ciel gris. »

Et il est vrai qu'il fallait de l'imagination pour la voir diplômée de Sciences Po et donnant un jour son nom à une loi sur l'éducation. Son échec à l'ENA ne la freine pas et son adhésion au PS en 2002, dans la foulée de l'arrivée de Jean-Marie Le Pen au second tour de la présidentielle, comme beaucoup d'autres, va plutôt accélérer les choses.

Elle se marie en 2005 avec Boris Vallaud, rencontré à Sciences Po. Ils forment un couple moins conflictuel que celui de Hollande et Royal, et c'est ensemble qu'ils se retrouvent dans la sphère élyséenne, au moins entre 2014 et 2016 quand elle est devenue ministre de l'Éducation et qu'il est secrétaire général de l'Élysée, après Macron, qui vient d'être nommé à l'Économie.

On notera au passage que ce mariage n'a rien de très original d'un point de vue sociologique : l'endogamie des élites joue encore une fois à plein. La jeune femme venue de la campagne marocaine apprend vite la politique, mais aussi les codes d'un milieu.

C'est l'arrivée de celle qu'on appelle déjà « NVB » à l'Éducation nationale en 2014 qui révèle le véritable agenda idéologique de la jeune femme puissante dont le visage toujours poupin lui donne une allure de lycéenne sérieuse, ce qui est un atout autant qu'un handicap, selon qu'on l'aime ou pas.

Sa réforme du collège, avec nombre d'usines à gaz déclinées en « dispositifs » pédagogiques, finit par mécontenter tout le monde.

Michel Onfray, qui twitte : « Avec les nouveaux programmes d'histoire : Islam obligatoire, Lumières facultatives. Michel Houellebecq sourit dans son coin[6]... »

Les syndicats, qui n'aiment pas du tout l'image que la ministre a dressée de leurs classes, notamment quand elle parle « d'élèves qui s'ennuient ».

Sans compter Jean-Marc Ayrault, son ancien Premier ministre et professeur d'allemand, qui voit l'enseignement de la langue de Goethe réduit à la portion congrue.

Mais ce qui provoque le plus de polémiques, ce sont les ABCD de l'égalité, lancés officiellement fin janvier 2014, alors que c'est encore Vincent Peillon qui est à l'Éducation nationale et NVB aux Droits des femmes. Ces ABCD font entrer la théorie du genre dès l'école maternelle, sous couvert de sensibiliser les tout-petits à l'égalité et au refus « des stéréotypes de genre ». Désormais, NVB est seule à la manœuvre après « l'expérimentation » qui avait commencé à la rentrée dans six cents classes réparties dans dix académies. Sur le site du Centre national de documentation pédagogique, on découvre les « outils » mis à disposition des enseignants, censés « donner tous les moyens de déconstruire, par le savoir, les préjugés qui s'opposent à l'égalité véritable ». On y trouve alors des fiches techniques redéfinissant les règles du gendarme et du voleur dans le sens d'une égalité réelle avec interdiction d'éliminer les perdants, la description de la « danse scolaire du Petit Chaperon rouge » où il faut inciter les filles à se déguiser en loups et les garçons en chaperons, la déconstruction du stéréotype de la princesse dans les contes de fées, et la présentation du malheureux Louis XIV en drag-queen puisqu'il portait des talons et des rubans.

Le philosophe Jean-Pierre Le Goff a, pour sa part, fustigé les « petits idéologues qui gravitent autour de Najat Vallaud-Belkacem, et profitent de l'école pour installer un meilleur des mondes à leur mesure[7] ».

Aujourd'hui, Najat Vallaud-Belkacem est en retrait de la vie politique, même si elle est toujours conseillère régionale de la région Auvergne-Rhône-Alpes, dans l'opposition à Laurent Wauquiez, après avoir été adjointe au maire de Lyon, un certain Gérard Collomb, et conseillère générale du Rhône. Il est ainsi difficile de l'imaginer renonçant à la vie politique. Celle à qui on reprochait de pratiquer une « politique du selfie » et d'avoir les yeux plus souvent rivés sur son smartphone que dans ses dossiers est une femme compétente et ambitieuse qui a pris des coups et a su les rendre.

On pourrait même penser que son mari, Boris Vallaud, qui siège au groupe PS à l'Assemblée nationale, lui chauffe la place pour un retour éventuel, étant donné l'état de décomposition de la gauche. On l'a vue, notamment, sortir de sa réserve au moment du vote sur la loi immigration. Présidente depuis 2022 de l'association France terre d'asile, elle continue de stigmatiser ce qu'elle considère comme des dérives d'extrême droite dans la société française.

Cela suffira-t-il à la ramener au premier plan ?

Elle ne pourra pas s'appuyer, pour garder l'espoir, sur cette déclaration un poil condescendante de François Hollande dans son livre d'entretiens avec Davet et

Lhomme, *Un président ne devrait pas dire ça* (publié chez Stock en 2016) : « Najat, elle est très forte en langue de bois. Elle est ambitieuse, je le sens. [...] C'est quelqu'un d'extrêmement déterminé. Ce n'est pas une intello, elle n'a pas fait l'ENA, mais c'est quelqu'un qui en veut. »

Celle qui « n'est pas une intello » dirige pourtant une collection d'essais politiques chez Fayard et déclare avoir relu une bonne dizaine de fois *Belle du Seigneur* d'Albert Cohen. C'est dans ce grand roman d'amour qu'on peut lire : « N'oublie pas de sourire : souris pour escroquer ton désespoir, souris pour continuer de vivre. »

Et on sait que le sourire, chez NVB, c'est un atout majeur.

CONCLUSION

Où les femmes politiques sont, naturellement, des hommes politiques comme les autres

Signe des temps, je n'ai eu aucun mal à trouver trente femmes pour remplir cette galerie de portraits.

J'aurais pu aussi bien, si ce n'était la crainte de lasser le lecteur ou la lectrice, en ajouter dix ou vingt, même en m'en tenant à la période de la Ve République.

On pourra me reprocher des manques, des oublis, des partis pris. C'est la loi du genre, je l'accepte. Mais mon choix, s'il assume une part de subjectivité, s'est efforcé de respecter l'impartialité de la journaliste.

En relisant ces trente portraits, on trouvera douze femmes de gauche, douze femmes de droite, avec toutes les nuances de leur camp respectif. Et six plus difficiles à classer, ni de droite ni de gauche, mais qui sont « ailleurs », comme disait Michel Jobert quand on lui demandait à quel camp il appartenait, lui qui avait été ministre de Pompidou et de Mitterrand.

Ce qui me permet d'établir un premier constat.

Les femmes en politique ne sont pas différentes des hommes en ce sens qu'elles s'inscrivent dans les mêmes clivages, qu'elles réagissent selon une sensibilité idéologique de préférence à une sensibilité de genre. Notons d'ailleurs qu'il n'y a pas de parti strictement féministe. Même Sandrine Rousseau n'a pas réussi à transformer les Verts dans ce sens, malgré ses tentatives.

L'autre constat, c'est que la féminisation spectaculaire de la politique n'a pas été synonyme de bouleversements sociologiques : on trouve chez ces femmes, même à gauche, très peu de personnes ayant des origines populaires ou ouvrières. Le schéma d'entrée en politique est resté le même. Il passe majoritairement par les grandes écoles, la haute fonction publique, les cabinets ministériels ou les conseils d'administration des grandes entreprises.

Pour une Nadine Morano ou une Arlette Laguiller issues des couches populaires et qui ont dû entrer dans la vie active avec une certaine urgence, combien de Ségolène Royal, de Nathalie Kosciusko-Morizet, de Valérie Pécresse, énarques ou polytechniciennes ?

Il est piquant de regarder les photographies des promotions de ces grandes écoles depuis les années 1980 : dans ces pépinières, les visages féminins sont déjà là, aussi présents que ceux des hommes.

Pour le dire autrement, et peut-être plus brutalement, malgré le nombre croissant de femmes, la politique demeure le domaine d'une élite, avec ses codes, sa langue, ses réseaux, ses certitudes.

Même Emmanuel Macron, qui a prétendu amener avec lui des gens nouveaux pour faire de la politique « autrement », en matière de femmes, n'a fait émerger que les gagnantes du système, qu'elles soient venues des grandes écoles ou du business, ou des deux en même temps. Il n'y a pas, à notre connaissance, d'ouvrière ou de caissière députées Renaissance dans lesquelles nous verrions les preuves d'une véritable ouverture sociale. Il est vrai aussi que Macron a été inconstant à propos des femmes de « basse extraction », comme il l'a été à tout propos : ainsi a-t-il parlé des ouvrières comme étant des « illettrées[1] » – qu'on se rappelle les employées de Gad – avant de les hisser aux rangs « d'héroïnes de la deuxième ligne » (en parlant cette fois-ci des caissières pendant l'épidémie de Covid-19).

Que ces femmes politiques affrontent encore aujourd'hui le machisme ou la misogynie, c'est vrai. Que le féminisme leur ait permis de gagner des positions, c'est vrai aussi. On ne se comporte plus avec elles dans les années 2020 comme on a pu se comporter avec Cécile Duflot, sifflée au palais Bourbon pour s'être vêtue d'une robe à fleurs.

Il faut saluer ce progrès.

A-t-il pour autant permis, maintenant que le jeu est plus égal, de déterminer une spécificité dans l'exercice féminin, je n'ai pas dit féministe, de la politique ?

Je ne le crois pas.

Les portraits que vous venez de lire révèlent les mêmes qualités et les mêmes défauts que ceux démontrés par les hommes.

Un engagement de tous les instants, des ambitions parfois dévorantes, des ego hypertrophiés, une certaine endurance dans les polémiques, un appétit carnassier, et l'utilisation sans trop de scrupules de toutes les manœuvres pour arriver à leurs fins : ainsi sont les femmes qui ont accédé aux responsabilités.

Toutes, ou presque, s'illustrent dans les rivalités, notamment au sein d'une même famille politique. Les duels Sarkozy-Villepin ou Jospin-Fabius valent ceux opposant Ségolène Royal à Martine Aubry ou Rachida Dati à Nathalie Kosciusko-Morizet. La même absurdité puérile les conduit à faire perdre leur camp plutôt que de s'entendre pour battre l'adversaire. « Protégez-moi de mes amis, mes ennemis, je m'en charge » : ce proverbe, en politique, s'applique formidablement aux femmes.

On aura observé aussi combien elles ajustent leurs convictions en fonction des circonstances, imitant ici le vieux savoir-faire de leurs homologues masculins. Un exemple parmi tant d'autres : celui de ces députées « insoumises » clouant au pilori leurs adversaires mâles à la moindre suspicion de dérive sexiste, mais qui, au moment de l'affaire Quatennens, ont préféré regarder ailleurs. Les intérêts supérieurs de la cause valent bien quelques accommodements avec la réalité.

Autre camp, mêmes mœurs : souvenons-nous que Yaël Braun-Pivet, présidente de l'Assemblée nationale et garante de la séparation des pouvoirs, a laissé, malgré quelques réticences, le président Macron lui dicter l'agenda législatif au moment de la loi sur les retraites. Et que dire d'Élisabeth Borne qui a assumé cette réforme, ô combien défavorable aux femmes et à leurs carrières hachées, tout en souhaitant aux « petites filles de France » de pouvoir un jour devenir Première ministre...

On voit bien qu'à chaque fois, c'est la fidélité à une famille politique qui l'emporte sur la « solidarité féminine », cet ancien nom de la très féministe « sororité ».

Le monde politique est à l'image du monde tout court. Les femmes y rencontrent les mêmes obstacles, ceux-ci étant surtout liés à leur situation sociale de départ, beaucoup plus qu'à leur genre. Ajoutons à cela qu'il est certainement moins difficile de professer le féminisme quand on est élue d'une circonscription bourgeoise des Yvelines que lorsqu'on est conseillère municipale dans certaines communes de Seine-Saint-Denis.

Alors, non, les femmes n'ont pas apporté de révolution dans la pratique politique.

Du reste, Roselyne Bachelot a affirmé que c'est le contraire qui serait inquiétant : « Une femme conçoit et fait de la politique comme un homme : je l'affirme, et de façon militante ! Reconnaître une telle différence serait dangereux, car cela cantonnerait les femmes dans des rôles subalternes[2]. »

Cette lucidité fait écho à une autre déclaration, celle-ci de Françoise Giroud, vieille de plus de quarante ans : « La femme serait vraiment l'égale de l'homme le jour où, à un poste important, on désignerait une femme incompétente[3]. » Comme nous n'avons décidément pas d'intentions polémiques, nous ne donnerons aucun nom ; néanmoins, chacun verra combien cette prophétie est désormais réalisée.

NOTES

Avant-propos

1. Conférence de presse du 19 mai 1958 (https://fresques.ina.fr/de-gaulle/fiche-media/Gaulle00210/conference-de-presse-du-19-mai-1958.html)
2. https://www.ina.fr/ina-eclaire-actu/video/i04259970/francois-mitterrand-vous-etes-l-homme-du-passif
3. https://harris-interactive.fr/opinion_polls/les-femmes-en-politique-differentes-des-hommes/

Michèle Alliot-Marie

1. https://www.lejdd.fr/Politique/Un-madame-LE-president-fait-polemique-a-l-Assemblee-692740
2 https://www.lejdd.fr/Politique/VIDEO-MAM-explique-pourquoi-elle-est-contre-les-lois-sur-la-parite-846167
3. https://www.sudouest.fr/politique/michele-alliot-marie/mort-de-jacques-chirac-il-avait-la-france-au-coeur-selon-michele-alliot-marie-2473528.php

Martine Aubry

1. https://www.leparisien.fr/laparisienne/actualites/l-enfance-d-un-leader-martine-a-l-ecole-27-07-2011-1546332.php
2. https://www.lemonde.fr/blog/fredericjoignot/2010/05/21/137/
3. *Le Nouvel Observateur*, 12 octobre 2000.

4. *La Voix du Nord*, 24 octobre 2000.

Roselyne Bachelot

1. https://www.elle.fr/Societe/Les-enquetes/Roselyne-Bachelot-En-politique-des-salopes-il-y-en-a-2039410
2. *Ibid.*
3. https://www.ina.fr/ina-eclaire-actu/roselyne-bachelot-politique-femme-gouvernement-rachida-dati-ministre-culture
4. https://www.lemonde.fr/politique/article/2020/07/07/le-retour-surprise-en-politique-de-roselyne-bachelot_6045430_823448.html
5. Rachida Dati nommée ministre de la Culture: Roselyne Bachelot salue « un coup politique » (bfmtv.com)

Aurore Bergé

1. https://www.lejdd.fr/Politique/Aurore-Berge-Je-sais-que-tout-commence-j-y-suis-prete-658041
2. https://www.liberation.fr/france/2018/02/16/aurore-berge-a-marche-rapide_1630244/
3. https://www.liberation.fr/politique/a-lassemblee-le-clan-constitue-autour-daurore-berge-agace-les-deputes-renaissance-20230223_W3LSHEOZEVAA7JD4G35I4AH5GA/

Élisabeth Borne

1. https://www.lemonde.fr/politique/article/2022/08/08/on-ne-me-marche-pas-sur-les-pieds-comme-ca-portrait-d-elisabeth-borne-la-resiliente-de-matignon_6137492_823448.html

Christine Boutin

1. https://www.lemonde.fr/idees/article/2009/08/24/prevention-du-suicide-en-prison-par-christine-boutin-et-louis-albrand_1231383_3232.html

Yaël Braun-Pivet

1. https://www.dailymotion.com/video/x8llx8o
2. https://twitter.com/JLMelenchon/status/1716104403076190592
3. https://www.nouvelobs.com/politique/20170725.OBS2570/10-choses-a-savoir-sur-yael-braun-pivet-novice-a-l-assemblee.html
4. *Ibid.*
5. https://www.lemonde.fr/series-d-ete/article/2023/07/26/yael-braun-pivet-du-barreau-au-perchoir-de-l-assemblee-nationale-une-conquete-a-la-loyale_6183411_3451060.html
6. https://www.forbes.fr/politique/portrait-yael-braun-pivet-la-premiere-dame-du-palais-bourbon/

Marie-George Buffet

1. https://www.lemonde.fr/politique/article/2023/04/16/marie-george-buffet-je-sais-ce-que-sont-les-coupures-d-eau-et-d-electricite_6169717_823448.html
2. *Ibid.*
3. *Ibid.*
4. https://www.cairn.info/revue-travail-genre-et-societes-2000-1-page-161.htm
5. https://www.lemonde.fr/archives/article/1999/01/26/marie-george-buffet-pasionaria-janseniste_3532636_1819218.html

Agnès Buzyn

1. https://www.gala.fr/l_actu/news_de_stars/video-agnes-buzyn-cette-decision-politique-quelle-regrette-la-plus-grosse-erreur-de-ma-vie_529923
2. https://www.lemonde.fr/politique/article/2020/03/17/entre-campagne-municipale-et-crise-du-coronavirus-le-chemin-de-croix-d-agnes-buzyn_6033395_823448.html
3. https://www.lefigaro.fr/flash-actu/elie-buzyn-l-un-des-derniers-grands-temoins-francais-d-auschwitz-20220523

4. https://www.liberation.fr/societe/sante/agnes-buzyn-pendant-le-covid-le-vrai-probleme-cest-la-faillite-des-institutions-20230926_WKBNWPHOA5ELPCD3RJUK5V6QNU/

Edith Cresson

1. https://mediaclip.ina.fr/fr/i20184158-reactions-a-l-assemblee-nationale-suite-a-la-nomination-a-matignon-de-edith-cresson.html
2. https://www.ina.fr/ina-eclaire-actu/edith-cresson-a-sa-nomination-a-matignon-ca-ne-surprend-pas-les-femmes-ca-surprend-les
3. https://twitter.com/cavousf5/status/1395792454423547904
4. https://www.lemonde.fr/series-d-ete/article/2021/08/16/15-mai-1991-edith-cresson-a-matignon-la-surprise-de-francois-mitterrand_6091523_3451060.html
5. https://www.lesechos.fr/1991/06/laxe-chevenement-cresson-948223
6. https://www.lemonde.fr/series-d-ete/article/2021/08/16/15-mai-1991-edith-cresson-a-matignon-la-surprise-de-francois-mitterrand_6091523_3451060.html

Rachida Dati

1. https://www.lemonde.fr/festival/article/2017/07/20/rachida-dati-l-ingouvernable_5162720_4415198.html
2. https://video.lefigaro.fr/figaro/video/rachida-dati-sur-fillon-il-a-commence-un-marathon-tout-seul-et-n-a-deja-plus-de-souffle/5290131335001/
3. https://www.technikart.com/rachida-dati-interview-technikart-mag-238/

Carole Delga

1. https://www.lejdd.fr/Politique/carole-delga-le-ps-a-prefere-le-tripatouillage-electoral-et-la-soumission-4112794
2. https://www.francetvinfo.fr/politique/melenchon/video-presidentielle-jean-luc-melenchon-est-un-obstacle-a-la-conquete-du-pouvoir-tacle-carole-delga-ps_4691691.html

3. https://www.leparisien.fr/politique/l-immigration-n-est-pas-la-mere-de-tous-nos-maux-estime-carole-delga-10-11-2019-8190150.php
4. https://france3-regions.blog.francetvinfo.fr/midi-pyrenees-politiques-france3/2017/03/31/la-vallsiste-carole-delga-denonce-la-trahison-de-manuel-valls.html
5. https://www.liberation.fr/politique/carole-delga-vante-la-gauche-cassoulet-pour-regagner-lelectorat-populaire-20231001_IKRCAZEVR5D5DF44BNFOEZSN3A/

Marie-France Garaud

1. https://www.parismatch.com/Actu/Politique/Marie-France-Garaud-Simone-Veil-etait-ma-meilleure-amie-1300061
2. https://www.lefigaro.fr/elections/presidentielles/2017/04/27/35003-20170427ARTFIG00361-marie-france-garaud-marine-le-pen-a-le-sens-de-l-etat.php
3. *Ibid.*

Élisabeth Guigou

1. Ricard, F., *La génération lyrique : essai sur la vie et l'œuvre des premiers-nés du baby-boom*, Paris, Boréal, 1992.
2. Guigou, E., *Être femme en politique*, Paris, Plon, 1997.

Anne Hidalgo

1. https://www.tendancehotellerie.fr/articles-breves/communique-de-presse/18994-article/les-villes-les-plus-surcotees-du-monde-selon-les-avis-des-touristes-paris-se-classe-9e-sur-85-villes-avec-13-8-des-touristes-s-estimant-decus
2. Nakamura, E., *Nâââândé ! ? : Les tribulations d'une japonaises à Paris*, Paris, Pocket, 2012.
3. Châtelet, G., *Les enjeux du mobile : mathématique, physique, philosophie*, Paris, Seuil, 1993.
4. https://www.liberation.fr/evenement/2002/10/07/delanoe-blesse-dans-sa-nuit_417668/

5. https://www.lexpress.fr/economie/35-heures-a-la-ville-de-paris-le-plan-b-d-anne-hidalgo_2174390.html#:~:text=Alors%20qu%27ils%20travaillent%20actuellement,au%20r%C3%A9gime%20des%2035%20heures.

Nathalie Kosciusko-Morizet

1. https://www.grazia.fr/news-et-societe/news/nathalie-kosciusko-morizet-on-veut-assigner-les-femmes-a-residence-220544.html
2. https://www.lemondeinformatique.fr/actualites/lire-nathalie-kosciusko-morizet-se-recase-chez-capgemini-70790.html

Christine Lagarde

1. https://www.lexpress.fr/economie/lagarde-critique-la-manie-de-trump-de-tweeter-sur-la-banque-centrale-americaine_2104287.html
2. https://www.lefigaro.fr/conjoncture/2013/03/31/20002-20130331ARTFIG00101-christine-lagarde-encensee-par-le-magazine-time.php

Arlette Laguillier

1. https://www.vie-publique.fr/discours/137368-declaration-de-mme-arlette-laguiller-porte-parole-de-lutte-ouvriere-su
2. https://www.lepoint.fr/politique/travailleuses-travailleurs-arlette-laguiller-eternelle-trotskiste-18-10-2021-2448129_20.php

Marine Le Pen

1. https://www.lemonde.fr/idees/article/2022/03/20/marlene-coulomb-gully-en-politique-avec-les-voix-des-femmes-c-est-toujours-trop-ou-trop-peu_6118346_3232.html
2. Coulomb-Gully, M., *Femmes en politique, en finir avec les seconds rôles : De l'exclusion à la difficile conquête du pouvoir*, Paris, Belin éditeur, 2017.
3. https://www.liberation.fr/france-archive/1995/11/11/me-le-pen-sauve-son-client-algerien-de-l-expulsion_150934/

Marion Maréchal

1. https://www.youtube.com/watch?v=OdCvq3ViEsM
2. https://www.youtube.com/watch?v=gh4_dWEH4-0

Nadine Morano

1. Interview pour *TV Magazine*, 28 octobre 2015.
2. https://www.youtube.com/watch?v=xqecH0IxWkU
3. https://www.lemonde.fr/politique/article/2009/12/15/l-opposition-fustige-les-propos-de-nadine-morano_1281103_823448.html
4. https://www.google.com/search?q=La+France+est+une+nation+jud%C3%A9o-chr%C3%A9tienne+de+race+blanche&oq=La+France+est+une+nation+jud%C3%A9o-chr%C3%A9tienne+de+race+blanche&gs_lcrp=EgZjaHJvbWUyBggAEEUYOTIGCAEQRRhAMgYIAhBFGEDSAQc3MTFqMGo0qAIAsAIB&sourceid=chrome&ie=UTF-8#fpstate=ive&vld=cid:f55b4292,vid:j-9y9SuKEDM,st:0
5. https://www.lepoint.fr/politique/emmanuel-berretta/morano-sarkozy-c-est-definitivement-fini-30-09-2015-1969409_1897.php#11
6. https://www.bvoltaire.fr/linvitee-nadine-morano-je-suis-pour-les-statistiques-ethniques/

Mathilde Panot

1. https://www.radiofrance.fr/franceinter/mathilde-panot-refuse-de-qualifier-clairement-le-hamas-de-terroriste-et-conforte-les-critiques-contre-lfi-7773900

Valérie Pecresse

1. https://madame.lefigaro.fr/celebrites/jamais-de-politique-parce-que-vous-etes-femme-normale-valerie-pecresse-dominique-de-villepin-livre-121119-167899
2. https://www.francetvinfo.fr/politique/les-republicains/presidentielle-loser-deserteur-rachida-dati-charge-le-directeur-de-campagne-de-valerie-pecresse_4953468.html

Sandrine Rousseau

1. https://www.youtube.com/watch?v=wibCCX8KJEU
2. https://www.20minutes.fr/lille/3152063-20211022-lille-absences-sandrine-rousseau-vice-presidente-universite-passent-inapercu
3. https://www.bfmtv.com/politique/elections/presidentielle/la-sororite-tu-t-en-souviens-sandrine-rousseau-critiquee-apres-son-parachutage-aux-legislatives_AN-202203230569.html

Marlène Schiappa

1. https://www.leparisien.fr/politique/lancienne-ministre-marlene-schiappa-reprend-ses-etudes-25-01-2024-ZK4NCU5V6RA5PP7OPJSUPM4EQI.php

Christiane Taubira

1. https://www.ouest-france.fr/europe/france/christiane-taubira-une-reforme-penale-pas-ideologique-mais-responsable-1398399.

Prisca Thevenot

1. https://www.ouest-france.fr/politique/gouvernement/remaniement/qui-est-prisca-thevenot-la-nouvelle-porte-parole-du-gouvernement-3e619d88-b099-11ee-82ae-73e88db45bf9
2. https://www.cnews.fr/france/2023-06-23/loi-immigration-la-position-de-la-majorite-est-tres-claire-fermete-sur-nos
3. https://www.lemonde.fr/politique/article/2024/01/11/prisca-thevenot-une-macroniste-de-la-premiere-heure-promue-porte-parole-du-gouvernement_6210296_823448.html
4. https://medium.com/civil-impact/about

Najat Vallaud-Belkacem

1. https://www.najat-vallaud-belkacem.com/2012/11/30/une-troisieme-generation-des-droits-des-femmes-toutes-les-decisions-du-comite-interministeriel/

2. https://www.humanite.fr/societe/taches-menageres/defier-le-politique-a-travers-le-prive-743973
3. https://www.nouvelobs.com/politique/election-presidentielle-2012/20120304.OBS2872/emmanuel-todd-je-parie-sur-l-hollandisme-revolutionnaire.html
4. https://www.lepoint.fr/politique/royal-sur-belkacem-elle-s-appellerait-dupont-elle-ne-serait-peut-etre-pas-la-27-07-2012-1490340_20.php
5. *Ibid.*
6. https://www.radiofrance.fr/franceculture/podcasts/la-vie-numerique/michel-onfray-mais-pourquoi-votre-compte-twitter-etait-il-si-bizarre-6965410
7. https://www.marianne.net/societe/jean-pierre-le-goff-cette-reforme-du-college-signe-la-mise-mort-de-lecole-republicaine

Conclusion

1. https://www.lejdd.fr/Politique/Illettrees-de-Gad-Macron-exprime-ses-regrets-687788
2. https://www.leparisien.fr/archives/reconnaitre-cette-difference-serait-dangereux-08-03-2016-5606365.php
3. https://www.lemonde.fr/archives/article/1983/03/11/le-sexe-la-morale-et-la-reine-victoria_2840379_1819218.html

TABLE DES MATIÈRES

#lisez! engagé
www.lisez.com
Pour plus d'information :
Imprimé sur du papier issu de forêts gérées durablement.

Cet ouvrage a été achevé d'imprimer sur Roto-Page
par l'Imprimerie Floch à Mayenne en mai 2024
N° d'édition : 17828/01 – N° d'impression : 104880
Imprimé en France